지난 세월 동안 광야 길을 함께 걸어 준

믿음의 동역자

그레이스한인교회 성도님들께

이 책을 드립니다.

은혜가 걸어오다

지은이 · 박신일
초판 발행 · 2020. 6. 24
4쇄 · 2024. 6. 26
등록번호 · 제1988-000080호
등록된 곳 · 서울특별시 용산구 서빙고로 65길 38
발행처 · 사단법인 두란노서원
영업부 · 2078-3333 FAX080-749-3705
출판부 · 2078-3331

책 값은 뒤표지에 있습니다.
ISBN 978-89-531-3460-7 03230

독자의 의견을 기다립니다.
tpress@duranno.com   http://www.duranno.com

두란노서원은 바울 사도가 3차 전도여행 때 에베소에서 성령 받은 제자들을 따로 세워 하나님의 말씀으로 양육하던 장
소입니다. 사도행전 19장 8-20절의 정신에 따라 첫째 목회자를 돕는 사역과 평신도를 훈련시키는 사역, 둘째 세계선교
(TIM)와 문서선교(단행본 · 잡지) 사역, 셋째 예수문화 및 경배와 찬양 사역, 그리고 가정 · 상담 사역 등을 감당하고 있
습니다. 1980년 12월 22일에 창립된 두란노서원은 주님 오실 때까지 이 사역들을 계속할 것입니다.

은혜가 걸어오다

박신일 지음

하나님의 은혜가 나의 불행을 이긴다

두란노

그 사막에서 그는
너무도 외로워
때로는 뒷걸음질로 걸었다.

자기 앞에 찍힌
발자국을 보고 걸으려고.
– 오르텅스 블루, '사막'

이 시는 파리 지하철공사 시 공모전에서 8천 편의 응모작 중 1등을 한 작품입니다. 가야 하지만 너무도 외로운 인생길의 민낯이 그대로 담겨 있습니다. 한 인간의 불편하고도 못난 민낯이 여기에도 있습니다. 그 주인공은 바로 야곱이고, 그 모습은 곧 우리 인생을 대변합니다. 저자는 야곱과 우리의 얼굴을 기막히게 교차해 보여 주면서 아픈 현실을 바라보게 합니다.

성경은 야곱의 태중에서부터 죽음까지의 전 인생을 기록하고 있습니다. 그런 이유가 있겠지요. 저자는 입체적으로, 무엇보다도 복음적으로 그 이유를 우리에게 풀어 줍니다. 치열하게 움켜쥐던 그의 손을 결국 펴게 하신 하나님. 비록 절룩거리지만 결국 똑바른 길을 걸어가게 하신 하나님. 초 한 자루가 꺼져 가듯 스러져 간 야곱의 삶을 누구보다도 찬란하게 만들어 주신 하나님. 그 하나님의 사랑의 추적이 야곱의 전 인생을, 그리고 오늘 우리의 삶을 겨누고 있음을 저자는 이 책에서 깨닫게 해 줍니다.

저자는 제 목회 여정의 가장 소중한 멘토로서, 언제나 섬광처럼 빛나고 해연(海淵)처럼 깊은 조언을 아끼지 않으셨습니다. 그 소중한 영적 지혜들을 함께 나눌 수 있는 이 귀한 책을 기쁨으로 추천합니다.

안광복_ 청주 상당교회 담임목사

은혜가 걸어오다

이 시대, 이 땅에 성경적인 교회를 세워 영혼을 구원하고 헌신된 제자로 양육하여 가정과 일터, 이웃과 열방까지 예수 그리스도를 증거하려는 목사님이 있습니다. 캐나다 밴쿠버의 그레이스한인교회 박신일 목사님입니다. 그는 '이 세상에서 정말 하나님 말씀을 끝까지 붙들고 살 수 있을까?' 하고 생각하는 신앙에 회의적인 사람에게 '하나님 말씀으로 세상 한가운데를 당당하게 걸어갈 수 있겠구나!' 하는 확신을 심어 줍니다. 그것은 우리가 이루어야 할 일이 아니라 하나님의 열심이 이루실 것을 믿기 때문입니다.

박신일 목사님이 야곱에 관한 기가 막힌 책을 펴냈습니다. 야곱은 성경에서 매우 독특한 인물입니다. 그는 매우 경건한 사람이거나 영웅적인 일화가 있는 사람이 아닙니다. 오히려 끈질긴 욕망의 사람입니다. 곧 우리 인간의 본성을 그대로 가지고 있습니다. 그래서 우리는 야곱에게서 동질감을 느낍니다.

중요한 것은 이러한 야곱을 향한 하나님의 끈질긴 사랑입니다. 그것이 야곱의 이야기에서 너무나 분명하고 감동적으로 드러납니다. 야곱은 끊임없이 속고 속이며 주위 사람들과의 관계를 깨뜨리고 심지어 도망자의 삶을 살지만 하나님은 야곱을 추적하고 또 추적하시며 그를 찾고 부르고 만나십니다. 무모해 보이기까지 하는 하나님의 이 사랑은 결국 야곱을 이스라엘이 되게 합니다. 포기하지 않으시는 하나님의 이 사랑에서 우리는 각자의 이야기를 읽게 됩니다. 야곱의 하나님은 우리에게도 그에게 하신 것처럼 하십니다. 지금 이 순간에도 감당할 수 없는 하나님의 은혜는 우리 심장을 향하고 있습니다.

야곱에게 한 가지 부러운 것이 있습니다. 하나님을 향한 끝없는 갈망입니다. 이 갈망이 야곱의 인생 전체를 이해하는 열쇠입니다. 우리에게 필요한 것이 그것입니다. 박신일 목사님이 야곱에 대한 말씀을 나누는 것은 야곱이 탁월했기 때문이 아닙니다. 우리와 너무도 비슷하기 때문입니다. 야곱을 읽으면서 우리를 향한 설명할 수 없는 하나님의 은혜를 깨닫고 감격해서 엎드리게 됩니다.

무엇보다 박신일 목사님은 야곱의 이야기를 통하여 예수 그리스도의 복음과 하나님의 사랑을 탁월한 감각으로 드러내고 있습니다. 그래서 이 책의 독자들은 성경의 진리와 십자가의 놀라운 은혜뿐만 아니라, 나와 예수 그리스도의 이야기를 읽게 될 것입니다. 지금 이 시대에도 하나님의 말씀인 성경이 여전히 우리 문제의 답인지 궁금한 이들에게 추천합니다.

유기성_ 선한목자교회 담임목사

10여 년 전, 밴쿠버를 떠나며 저는 망설였습니다. 박신일 목사님 때문이었습니다. 앞으로 그의 부드러우면서도 날카로운 설교를 듣지 못한다는 아쉬움에 몇 번이나 하나님께 "밴쿠버를 떠나는 게 맞나요? 이제 박 목사님 설교를 못 듣는 건가요?" 하면서 억지를 부렸던 기억이 납니다.

박신일 목사님의 설교는 살아 있습니다. 입체적입니다. 영화의 한 장면을 보는 것처럼 펼쳐 보여 주셔서 성경을 이해하는 데 큰 도움이 됩니다.

그래서 박신일 목사님의 설교는 '숨은 맛집'입니다. 이제는 누구나 그

은혜가 걸어오다

설교의 참맛을 맛볼 수 있도록 책이 나온다니 얼마나 감사한 일인지 모릅니다.

"이 집사님, 제가 책을….""

"목사님, 추천사는 제가 무조건 쓸게요!"

박신일 목사님으로부터 추천사를 부탁하는 연락이 왔을 때, 저는 그 말을 채 듣기도 전에 대답했습니다. 이 책의 추천사를 꼭 제가 쓰고 싶었으니까요. 이 책을 읽어 보면 제 추천사에 넘어오길(?) 잘했다 생각하실 겁니다. 왜 여기가 성경 맛집인지 공감하게 되실 겁니다. 아마 이 숨은 맛집을 계속 찾게 되실 겁니다.

이성미_ 방송인

21세기를 일컬어 '노마드 시대'라고 한다. 이 시대를 사는 사람들은 특정 장소나 직업 등에 얽매이지 않는다. 그들은 제4차 산업 혁명 시대에서 세계의 지구촌화와 다문화 시대의 급속한 변화에 적응하면서, 그야말로 나그네의 삶을 살아가고 있다. 이 노마드의 삶이란 곧 성경이 정의하는 삶이다. 예수 그리스도는 성육신하셔서 노마드의 삶을 사셨다.

야곱 역시 장막에서 광야로 나서야 했던 노마드 인생, 즉 나그네 인생이었다. 형 에서와 아버지 이삭은 야곱에게 배신감을 느꼈을 것이다. 어머니 리브가는 안타깝지만 작은 아들 야곱을 떠나보낼 수밖에 없었으리라. 그런 야곱의 인생은 보편적인 사람, 이 시대를 살아가는 우리의 모습을 닮았다. 저자가 소개하는 야곱의 여정은 현대를 살아가는 많은 그리스도인에게 선명한 나침반이 되어 준다.

저자는 청중이 말씀을 가슴으로 이해하고 주님을 영접하도록 돕는 혜안의 설교자이며 노마드 목회자다. 그가 섬기는 밴쿠버 그레이스한인교회의 건강한 성장이 이를 증명한다. 그의 설교와 글에는 십자가의 복음에 대한 열정과 영혼 사랑의 순결함이 돋보인다. 특히 이 책을 읽으면 야곱의 인생을 현재화하는 과정에서 저자가 했을 치밀한 신학적 씨름이 느껴진다. 저자는 이 책을 통해 하나님의 구속 역사와 구약의 인물 야곱을 강단의 언어로 탁월하게 재해석하고 있다. 텍스트와 콘텍스트의 긴장 관계를 시대의 소망과 능력으로 선포한다.

이 시대의 모범적인 목회자와 교회를 지목하라면 바로 박신일 목사님과 밴쿠버 그레이스한인교회가 생각난다. 그런 저자와의 만남은 내겐 커다란 축복이다. 교회 창립예배 설교를 하고 오늘의 교회로 서기까지 만남의 시간이 오래다. 이 책을 접하는 많은 독자도 책을 통한 저자와의 만남에 큰 축복이 있기를 기대한다. 나그네 야곱을 만나는 모든 독자가 치유와 회복을 경험하리라 확신한다.

이승종_ 한인세계선교협의회(KWMC) 사무총장, 목사

글솜씨가 좋아서 책을 많이 낼 수 있다. 사실이 아닌 것을 소설로 써서 문학 작품을 만들 수도 있다. 그러나 글과 삶, 영혼이 삼위일체 된 책을 펴내는 것은 쉬운 일이 아니다.

박신일 목사님의 목회를 보면 그의 인격이 느껴진다. 설교를 들으면 그의 삶에 담긴 깊이가 보인다. 글 속에는 그의 맑은 영혼이 담겨 있다. 그래서 그의 책을 읽으면 바로 목사님과의 만남이 이루어진다. 그의 깨끗한 삶이 보인다. 참 목회가 보인다. 맑은 영이 보인다. 박신일 목사님의 목회 중심에는 말씀과 성령, 그리고 선교가 있다. 그의 삶과 설교와 글 속에 이 3요소가 변할 수 없는 DNA로 자리를 잡고 있다.

이번에 박신일 목사님이 마치 야곱을 대신해서 썼다고 착각을 일으킬 만큼 깊이 있는 '야곱의 자서전'을 썼다. 이 책은 설교집도 아닌데 은혜가 있고, 성경 공부 교재도 아닌데 공부가 되고, 논문도 아닌데 깊은 지식을 담고 있다. 책 한 권에 이런 함축적 요소를 모두 지니고 있음에 놀랍기만 하다.

박신일 목사님은 공감과 감동과 신비의 복음을 야곱의 삶을 통해 풀어 내고 있다. 흙수저로 태어나서 모두를 속이며 살던 그가 구약을 대표하는 뛰어난 영성의 소유자가 된다. 은혜 받을 가치 없는 사람에게 하나님이 베풀어 주신 '형언할 수 없는 은혜'가 무엇인지를 공감하게 한다.

이 책을 통해 내 삶에서 받았던 감동과 환희를 다시 확인하고 감사하는 시간을 가졌다. 라헬과 레아의 인생을 통해 하나님이 역사의 주인이심을 보게 되었고, 그들의 슬픈 여정을 통해 깊은 복음의 비밀을 깨달을 수 있었다. 깊고 깊은 우물에서 '여름 가뭄의 얼음 냉수'를 길어 올린 것 같다.

이재환_ 컴미션 미주대표

설교가 예배의 전부는 아니지만, 회중의 관점에서는 가장 중요한 시간이다. 하나님 말씀을 듣고 결단해야 하기 때문이다. 그런 회중의 기대를 아는 설교자 입장에서 설교는 특권이자 부담이다.

고민하는 목회자와 신학생에게 설교의 전범(典範) 같은 책이 나왔다. 저자는 이 책에서 야곱의 생애를 다루며 어떻게 신구약을 꿰뚫어 구속사를 적용하는지, 이야기 설교가 무엇인지, 교리와 이야기를 어떻게 연결하는지, 성경 본문을 어떻게 깊게 다루는지, 설교자 본인의 신앙 경험은 어떻게 반영하는지, 어떤 방식으로 회중을 변화와 성숙으로 초대하고 격려하는지를 놀라운 수준으로 보여 준다.

평소 목회자와 신학생에게 팀 켈러, 존 스토트, 찰스 스탠리, 해돈 로빈슨, 김홍전 등의 설교를 참조하라고 권했다. 이제 그 리스트에 저자의 이름을 올리려 한다.

임성모_ 웨슬리안조직신학연구소 소장, 목사

우리는 요셉, 모세, 다윗을 닮기보다 야곱을 훨씬 더 닮았습니다. 사실 우리는 야곱만큼 험악한 세월을 삽니다. 그 세월의 무게에 짓눌려 있는 우리 모두를 저자는 결코 야곱을 포기하지 않으셨던 '죄송한 은혜'의 하나님 품으로 초대합니다.

우리 인생은 야곱 같아서 변한 것 같지만 변하지 않습니다. 오직 하나님의 '은혜 위의 은혜'만이 우리를 바꾸어 놓을 수 있습니다. 저자는 술래가 되어 걸어오시는 아버지의 그 은혜를 직접 경험했기에 야곱의 인생을 통해 우리네 인생을 이야기할 수 있었을 것입니다. 만약 자신이 그 은혜를 경험하지 못했다면 하나님과 야곱의 은밀한 술래잡기를 이렇게 아름답고 숨 막히는 이야기로 다시 들려줄 수 없었을 것입니다. 이제는 그 은혜를 많은 독자가 함께 경험하기를 바라며 이 책을 추천합니다.

조정민_ 베이직교회 목사

목차

Part 3.

은혜 입은 자,
은혜를 붙잡다

은혜가 나에게 걸어오다

야곱은 성경의 여느 인물들과 다른 점이 있습니다. 우리는 아브라함이나 요셉처럼 야곱을 본받을 만한 신앙적 영웅의 대열에 올려놓지 않는다는 것입니다. 게다가 영적인 지도자의 모습으로 야곱을 선택하는 경우도 거의 없습니다.[1]

야곱은 이름부터가 '남의 것을 빼앗는 자, 속이는 자'입니다. 에서와 야곱은 아버지와 어머니의 편애를 받았습니다. 일종의 역기능적 가정에서 자란 자녀라고 할 수 있습니다. 그러나 야곱에게는 두드러진 강점이 하나 있습니다. 그것은 늘 하나님을 원했다는 것입니다.[2] 야곱은 미성숙하고 서툰 방법으로 살아가지만 하나님의 축복을 받고 싶은 열정으로 가득 차 있었습니다. 이것이 야곱의 인생 전체를 이해하는 열쇠입니다.

그의 이런 열정은 속고 속이며, 관계를 깨뜨리고, 심지어 도망자의 삶을 살게도 합니다. 그런데 이렇게 넘어지고 실수하는 야곱을 하나님은 어떻게 대하셨는가를 주의 깊게 보아야 합니다. 하나님은 야곱을 늘 뒤쫓아 다니십니다. 그를 찾으시고 부르시고 만나십니다. 잘못을 저지른 상황에서도, 버림받을 만한 상황에서도, 하나님은 결코 그를 버리지 않으시고 또 찾아가십니다.[3] 때론 야곱의 열정이 지나쳐서 잘못된 방향으로 나아갈 때도 하나님은 그를 포기하지 않으시고 계속해서 찾아가십니다. 자칫 무모해 보이기까지 하는 하나님의 이 사랑은 결국 한 사람을 돌아오게 하는, 무엇으로도 끊을 수 없는 절대적인 사랑입니다. 우리는 이 포기하지 않으시는 하나님의 사랑을 '은혜'라고 부릅니다.

야곱에 대한 말씀을 나누고 싶었던 것은 그가 탁월하기 때문이 아닙니다. 오히려 우리와 너무도 비슷하기 때문입니다. 야곱을 읽으면 내가 보입니다. 내 안에 있는 욕심과 거짓, 문제들을 직면하게 합니다. 때로는 내 추함을 보며 애통하게 되고, 때로는 나를 붙드시는 하나님의 은혜 때문에 감격해서 엎드러집니다. 하나님은 이런 야곱을 빚어 가시기 위해 오랜 시간 기다려 주셨습니다. 그 인내의 하나님이 우리 인생도 바꾸어 가실 줄 믿습니다. 그래서 그리스도인의 삶은 좌절 속에도 여전히 소망이 있습니다.

야곱의 삶 전체를 살펴보면 한 인간의 죄성과 함께 그를 포기하지 않으시는 하나님의 손길이 동시에 보입니다. 야곱을 보면 절망인데 하나님을 바라보면 그의 삶은 소망이 됩니다. 우리 인생은 죄의 역사인데 하나님의 시간은 죄를 덮으시는 은총의 세월입니다. 우리는 죽어야 할 라헬인데 하나님은 영원한 라헬이신 예수님을 우리에게 보내 주셔서 대신 죽으심으로 우리를 살리십니다.

이것이 성경에 흐르고 있는 구원의 강입니다. 그 놀라운 하나님

은혜가 걸어오다

의 은혜는 마침내 한 사람을 욕망의 길에서 건져 내어 하나님 나라를 향해 걸어가는 순례의 길에 서게 합니다. 야곱은 고향을 향해, 아버지 집을 향해 걷는 '호모 비아토르(여행자)'가 되었습니다. 왜냐하면 하나님이 그의 인생 한가운데로 걸어오셨기 때문입니다.

지금, 이 순간에도 하나님의 은혜가
당신을 향해 걸어오고 있습니다.

2020년 6월
박신일

Part 1.

속이는 자,

복을 가로채다

(1장) 위험한 식탁

창 25:27-34

인류에게 주신 하나님의 첫 선물은 음식입니다.

따라서 먹는 일이 기쁨인 것은 놀랄 일이 아닙니다.

나아가 음식을 먹는 그 모든 시간은 사귐과 교제를 위한 것이고

더 깊은 의미로는 하나님의 임재가 있는 성례입니다. 4)

어머니가 차려 주시던 그 식탁은 자녀들의 마음에 늘 사랑의 성만찬이었습니다.

제 기억 속에는 마음을 따뜻하게 하는 집안 풍경이 하나 있습니다. 1970년대만 해도 겨울이면 갓 지은 밥을 그릇에 담아서 아랫목 이불 속에 넣어 두었습니다. 우리 집도, 이웃집도 아랫목 이불을 들추면 그 안에 밥그릇이 들어 있었습니다. 집집마다 밥그릇의 모양은 달라도 저녁을 준비하는 어머니들의 마음만은 다 같았을 것입니다. 추운 겨울날 학교를 마치고 돌아오는 자식들을 위해, 그리고 밤늦게까지 일하고 돌아오는 아버지를 위해 어머니는 미리 해 놓은 밥이 혹시라도 식지 않을까 뜨끈한 아랫목에 이불로 꼭꼭 덮어 두셨습니다. 전기밥솥 같은 것이 흔하지 않았던 그 시절에 어떻게든 식구들에게 따뜻한 밥을 먹이고 싶었던 우리네 어머니들의 마음이었던 것이지요. 그때 우리는 단지 밥만 먹은 것이 아니었습니다. 그 밥에 가득 담긴 어머니의 사랑과 정성을 함께 먹었습니다. 비록 변변한 반찬 하나 없었어도 고단했던 하루가 그 밥상 앞에서 풀어졌습니다.

　이렇게 음식은 단순히 먹는 기쁨을 줄 뿐 아니라 마음을 주고받고 관계를 만들어 내는 매개체가 되어 주기도 합니다. 사람이 태어나서 처음 먹게 되는 음식이 무엇인 줄 아십니까? 바로 어머니의 젖입니다. 젖을 먹는 동안 아이는 어머니와 가장 가깝고도 밀착된 순간을 경험하며 애착을 형성합니다. 아이는 그 과정을 통해 음식을 먹을 뿐만 아니라 어머니와의 친밀한 관계를 배우게 되는 것입니다. 그러니 음식은 단순히 육체뿐만 아니라 정서적이고 관계적인 측면에서도 사람들이 힘을 얻는 통로인 것이지요.[5] 아버지 하나님께서도 우리에게 날마다 먹이고 싶으신 영적인 음식이 있습니다. 그리고 그것을 통해 더 깊고 특별한 관계를 맺어 가기를 원하십니다. 따라서 음식은 우리 인생의 중요한 시작이며, 삶의 여정에서 하나님의 메시지를 발견하게 되는 매개체인 것입니다.

창세기 25장에는 하나의 특별한 식탁, 음식에 관한 이야기가 나옵니다. 그런데 이 식탁은 조금 위험합니다. 사랑이 담겨야 할 음식에 다른 의도가 들어가 있어서 그렇습니다. 바로 야곱의 식탁입니다.

이 이야기에는 야곱과 에서가 등장합니다. 형 에서는 사냥꾼이었습니다. 아버지인 이삭은 고기를 좋아했기 때문에 에서를 사랑했습니다. 반면 동생 야곱은 조용했고, 집안에 거하기를 즐겼습니다. 이날도 야곱은 집에서 음식을 만들고 있었습니다. 여기에서 우리가 너무도 잘 알고 있는 장면이 나옵니다. 야곱은 에서가 좋아하는 팥죽을 만들고 있었는데, 이 음식으로 형과 거래하여 장자의 축복권을 빼앗으려 합니다. 그런데 한 가지 이상한 점이 보입니다. 동생이 형한테 죽 한 그릇을 주면서 거래를 하려고 합니다. 형제간에 라면 한 그릇 끓여 주면서 돈을 받는 것이 맞습니까? 상식적으로 생각해 볼 때 이것은 너무도 비정상적인 행동입니다.

제가 보기엔 두 사람 모두 문제가 있어 보입니다. 야곱은 욕심이 너무 지나쳐 보이고, 에서는 너무 쉽게 장자권을 넘겨 버립니다. 이 야곱과 에서의 뭔가 이상해 보이는 이야기를 통해 하나님께서 우리에게 말씀하시고자 하는 것이 무엇인지 함께 생각해 보았으면 합니다.

위험한 식탁을 주의하십시오

야곱이 죽을 쑤었더니 에서가 들에서 돌아와서 심히 피곤하여 야곱에게 이르되 내가 피곤하니 그 붉은 것을 내가 먹게 하라 한지라 그러므로 에서의 별명은 에돔이더라 야곱이 이르되 형의 장자의 명분을 오늘 내게 팔라 에서가 이르되 내가 죽게 되었으니 이 장자의 명분이 내게 무엇이 유익하리요 야곱이 이르되 오늘 내게 맹세하라 에서가 맹세하고 장자의 명분을 야곱에게 판지라 야곱이 떡과 팥죽을 에서에게 주매 에서가 먹으며 마시고 일어나 갔으니 에서가 장자의 명분을 가볍게 여김이었더라

창 25:29-34

먼저 야곱에 대한 이야기를 하겠습니다. 본문에서는 야곱의 행동에 관해서 네 가지 표현이 나옵니다. 첫째, 야곱은 죽을 쑤고 있었습니다. 음식을 준비하고 있었다는 말입니다. 아마 저녁쯤 되었을 겁니다. 그때 형 에서가 사냥을 마치고 집에 옵니다. 그는 무척 지쳤고 고단했으며 배가 고팠습니다. 그래서 음식을 보는 순간 빨

리 그것을 먹게 해 달라고 동생 야곱을 재촉합니다. 둘째, 야곱은 형이 가진 장자의 명분을 자신에게 팔라고 말합니다. 배가 고파 야단이 난 에서에게 죽 한 그릇을 들고 거래를 시도하는 것입니다. 흔한 말로 배가 고프면 눈에 보이는 게 없다고들 하지 않습니까? 야곱은 에서가 가장 약해진 순간을 이용했습니다. 셋째, 야곱은 에서에게 장자권 팔 것을 맹세하라고 합니다. 오늘날로 말하면 각서나 계약서를 쓰라고 하는 것입니다. 야곱은 그만큼 치밀한 사람입니다. 함정에 빠진 에서는 결국 맹세하고 장자의 명분을 야곱에게 팝니다. 에서는 당장의 배고픔에는 민감하면서도 소중하게 여겼어야 할 장자권은 소홀히 여기고 맙니다. 에서는 영원한 것에 관심이 없어 보입니다. 이렇듯 우리 육신은 여기, 바로 지금(the here and now)만을 생각하기 쉽습니다.[6] 이 두 형제의 모습은 마치 우리 속에서 갈등하고 있는 마음의 전쟁을 보여 주는 듯합니다.[7] 넷째, 야곱은 에서가 장자권을 팔겠다고 맹세하자 그제야 떡과 팥죽을 줍니다. 팥죽 말고도 떡까지 덤으로 얹어 주니 어쩌면 에서는 좋아하며 먹었는지도 모르겠습니다. 장자의 명분을 가볍게 여기던 형 에서를 속이는 것은 야곱에게 그리 어려운 일은 아니었을 것입니다.

야곱은 좋은 것을 구했지만 잘못된 방법으로 얻었습니다. 그가 소중한 것을 구한 것은 칭찬받을 만하지만 방법은 결코 칭찬받을 수 없을 것입니다.[8] 또한 에서는 먼 훗날, 히브리서 기자를 통하여 장자의 명분을 소홀히 여기고 팔아넘긴 망령된 자로 소개되며 매우 주의해야 할 행동을 한 인물로 남게 됩니다.[9]

그렇다면 과연 야곱은 어떤 마음으로 팥죽을 쑤었을까요? 그가 마련한 것은 매우 위험한 식탁이었습니다. 보통의 식탁은 사랑을 나누는 자리입니다. 식탁에는 밥을 차리는 이의 사랑이 있고, 조금이라도 더 맛있는 음식을 먹이고 싶어 하는 누군가의 가족애가 담겨 있습니다. 기운 없는 식구들, 아픈 식구들을 생각하며 오랜 시간 정성을 들여 죽을 끓이거나 따뜻한 음식을 준비하기도 합니다. 그러나 지금 야곱이 끓인 죽에는 사랑이 전혀 들어 있지 않습니다. 오히려 형의 것을 빼앗겠다는 욕심만이 잔뜩 들어 있습니다. 야곱은 이날을 기다리고 있었습니다. 형을 함정에 빠뜨리기 위한 날입니다. 그는 작은 것으로 큰 것을 빼앗는 법을 너무나 잘 알고 있는 사람이었습니다. 게다가 그의 처세술은 놀랍기만 합니다. 팥죽 한 그릇에 떡을 덤으로 얹어 주면서 상대를 기분 좋게 만들어 자신이 원하는 것을 얻어 낼 줄도 압니다. 그의 식탁은 고단한 하루를 마치고 집에 돌아온 형제를 향한 어떤 배려나 사랑, 위로도 찾아볼 수 없는 위험한 식탁이었습니다.

창세기에서 사람이 제일 처음 지은 죄가 무엇인지 아십니까? 그것은 식탁에서 지은 죄입니다. 인간은 먹는 것으로 죄를 범했습니다. 사탄은 아주 위험한 식탁을 인간 앞에 차립니다. 선악과를 먹도록 한 것입니다. 아담과 하와는 하나님의 말씀을 잊어버린 채 그 선악과를 덥석 먹어 버립니다. 자신이 앞으로 영원한 생명을 잃어버리게 되는 것도 모른 채 말이죠. 거짓에 자신의 인생을 다 건 것입니다. 이렇게 세상에는 위험한 식탁이 너무도 많습니다. 눈으로 보기에 보암직하고 먹음직하다 하여도 그 위험천만한 식탁에는 결코 앉지 말아야 합니다. 자신의 인생을 송두리째 망칠 수 있기 때문입니다.

1970년대 무렵, 제 아버지가 목회하시던 때였습니다. 그때 통일교가 자신들의 정체를 숨기고 버스를 대절해서 마을 사람들에게 통일 관광을 시켜 주는 일이 있었습니다. 사람들은 공짜로 관광도 시켜 주고 후한 식사도 대접해 준다 하니 너도나도 그 버스에 올라탔습니다. 그런데 얼마 후 그것이 통일교가 벌인 일이었다는 것이 밝혀졌습니다. 그리고 그 버스에 올라탄 사람 중에 목회자들도 있다는 사실이 드러났습니다. 교단에서는 그 목회자들이 누군지 알아내 심사하기 시작했습니다. 당시 아버지는 교단의 심사위원이셨습니다. 그래서 그 목회자들을 만나 이야기를 나누고 오셨습니다. 그때 이렇게 말씀하셨습니다.

"아무것도 모르고 갔대."

누가 차린 식탁인지, 무슨 의도로 차린 것인지 아무것도 모르고 갔다는 것입니다. 세상에는 이처럼 우리를 속이는 식탁들이 너무도 많습니다. 그 식탁들은 안전하고 좋은 것으로 위장해 우리에게 다가옵니다. 그런데 문제는 화려해 보일수록 위험 요소는 더욱 크다는 것입니다. 날마다 하나님 앞에 있지 않고는, 복음을 붙잡지 않고는 점점 더 분별하기 힘든 유혹들이 우리를 넘어뜨릴 수 있다는 사실을 명심해야 합니다. 우리의 오감이 지금 어디를 향하고 있는지 끊임없이 점검해야 합니다.

이 세상에는 남의 것을 빼앗는 위험한 식탁이 있는가 하면 반대로 아름다운 식탁도 있습니다. 아름다운 식탁을 경험한 주인공은 바로 다윗입니다. 성경에 보면 다윗은 우여곡절 끝에 왕이 됩니다. 그러나 한참 왕으로서 승승장구하고 있을 때 문제가 터집니다. 아들 압살롬이 반역을 한 것입니다. 얼마나 다급했으면 다윗이 맨발로 도망을 갔겠습니까? 왕이었던 그가 하루아침에 비참하고 처량한 신세가 된 것이죠. 그런데 다윗이 예루살렘을 떠나 마하나임이라는 지역에 이르렀을 때, 세 명의 인물이 다윗과 신하들을 먹이기 위해 음식을 가지고 옵니다(삼하 17장 참조). 그들의 이름은 암몬 족속에게 속한 소비와 마길과 바르실래입니다.

다윗이 마하나임에 이르렀을 때에 암몬 족속에게 속한 랍바 사람 나하스의 아들 소비와 로데발 사람 암미엘의 아들 마길과 로글림 길르앗 사람 바르실래가 침상과 대야와 질그릇과 밀과 보리와 밀가루와 볶은 곡식과 콩과 팥과 볶은 녹두와 꿀과 버터와 양과 치즈를 가져다가 다윗과 그와 함께한 백성에게 먹게 하였으니 이는 그들 생각에 백성이 들에서 시장하고 곤하고 목마르겠다 함이더라 삼하 17:27-29

28절에 보면 그들은 침상과 대야, 질그릇, 밀과 보리, 밀가루와 볶은 곡식, 콩과 팥, 볶은 녹두, 꿀, 버터, 양과 치즈 등을 가져다가 다윗과 그의 백성에게 먹게 해 주었습니다. 쉴 것과 먹을 것, 몸에 좋은 것은 다 가져왔던 것입니다. 그 이유는 쫓기는 신세인 다윗과 신하들이 고단하고 배고파 보였기 때문이었습니다. 그것은 벼랑 끝에 내몰려 몸과 마음이 바닥을 치고 있는 이에게 베푼 따뜻한 위로와 사랑이 가득 담긴 식탁이었습니다.

당신은 어려웠던 시절, 이런 조건 없는 사랑의 식탁을 경험한 적이 있습니까? 아니면 힘든 시간을 견뎌 내고 있는 누군가에게 사랑의 식탁을 기꺼이 대접한 적이 있습니까? 자신이 가장 갈급하고 절망적이었던 그 순간에 누군가 내민 물 한 모금과 한 그릇의 따뜻한 밥은 결코 잊을 수 없는 감사의 순간일 것입니다.

제가 총각 시절, 시골 교회에서 전도사로 첫 목회를 시작했습니다. 그때 저는 일주일에 두 번 서울로 대학원을 다니고 있었는데, 성도님들 눈엔 혼자서 목회하며 학교까지 다니고 있는 제가 안쓰러워 보였나 봅니다. 어느 날 버스를 타러 나가다가 마을 입구에서 교회 권사님을 만났는데, 그분이 제게 "전도사님, 잠깐만요!" 하시는 겁니다. 그러더니 속바지 안에서 꼬깃꼬깃 접어 둔 천 원짜리 하나를 꺼내 제 손에 꼭 쥐어 주시며 "전도사님, 박카스 사 드세요" 하시더군요. 먹고 힘내서 학교 잘 다녀오라고 말이죠. 그 돈을 받아 들고 서울로 가는 내내 저는 가슴이 먹먹했습니다. 그 사랑과 격려가 제 목회 인생에 얼마나 큰 위로가 되었는지 모릅니다. 제가 그 사랑을 갚을 수 있는 길은 그 영혼들을 위해 날마다 주님 앞에 무릎을 꿇는 것이었습니다. 이러한 순박한 사랑을 전해 주시던 권사님들의 사랑과 그 마음은 지금도 제 가슴 안에 있습니다. 그분들의 마음을 제가 어찌 잊을 수 있겠습니까? 아니, 그분들을 주님이 잊으시겠습니까? 옆에 어려운 사람이 보일 때, 우리도 아무 이유 없이 주님의 사랑 때문에 줄 수 있는 그런 식탁을 가지고 살아갈 수 있었으면 좋겠습니다.

다윗도 자신에게 사랑의 식탁을 베푼 사람들을 잊지 않았습니다. 아들 압살롬이 죽고 왕으로 복권된 뒤에, 다윗은 자신에게 사랑을 베풀었던 사람들을 한 명씩 부릅니다. 사무엘하 19장 33절에 보면 다윗은 그중에서도 바르실래에게 함께 예루살렘 왕궁으로 들어가자고 권합니다. 도망 중에 얻어먹은 한 끼가 얼마나 고마웠으면 평생 그를 왕궁에서 먹여 살리겠다고까지 했을까요? 그러나 바르실래는 그런 다윗의 청을 정중히 사양합니다. 그리고 자신이 그 식탁을 준비했던 동기를 말합니다. 다른 의도가 있었던 것이 아니라 그저 다윗이 무사히 요단을 건널 수 있도록 해 주고 싶은 마음뿐이었다는 것입니다. 왕이 힘들어 보이기에 힘내시라고 그저 음식 한 번 갖다 드렸던 것이니 그 상을 받을 수 없다는 것입니다. 그의 태도가 참으로 아름답지 않습니까? 이번 기회에 얼마든지 호화로운 왕궁에서 노후를 보낼 수 있었음에도 그는 그 자리를 마다합니다.

바르실래는 끝까지 왕궁에 가지 않았습니다. 그가 음식을 준비하고 대접한 것은 훗날을 도모하며 치밀하게 계산해서 한 일이 아니었기 때문입니다. 다윗은 그런 그를 평생 잊지 못했습니다. 그리고 임종을 앞둔 순간 아들 솔로몬에게 부탁합니다. 바르실래의 후손들에게 은총을 베풀어 주라고 말이죠.

> 마땅히 길르앗 바르실래의 아들들에게 은총을 베풀어 그들이 네 상에서
> 먹는 자 중에 참여하게 하라 내가 네 형 압살롬의 낯을 피하여 도망할 때에
> 그들이 내게 나왔느니라 왕상 2:7

다윗만 잊지 않은 것이 아닙니다. 주님도 잊지 않으십니다. 주님은 우리가 이웃에게 아무런 조건 없이 베푸는 사랑을 끝까지 기억하십니다.

혹시 남을 섬기면서 다른 대가를 바라지는 않습니까? 내가 이만큼 해 주었으니 상대방도 나에게 이만큼은 해야 한다고 생각하지는 않습니까? 그러나 준 만큼 받아야 한다는 기대는 우리를 힘들게 합니다. 그 기대만큼 돌아오지 않을 때 섭섭함이 생기는 것입니다.

만약 누군가를 위해 음식을 준비했으면 사랑을 담아 베푸는 것으로 끝내야 합니다. 특히 가족을 위해 준비한 음식 앞에서 불편한 이야기를 할 필요가 없습니다. 식사하는 배우자에게 "돈 좀 더 많이 벌어 와라" 하지 마십시오. "이거 먹고 살찌면 안 되니 운동해라" 하지도 마십시오. 밥 먹다가 체합니다. 자식들에게 밥 차려 주면서 "제발 공부 좀 잘해라" 하지 마십시오. "어느 집 아이는 이번에 전교 석차가 엄청 올랐다더라" 하며 비교도 하지 마십시오. 그런 말과 함께 음식을 준다면 그것은 밥이 아니라 독이 될 수 있습니다. 우리가 먹는 밥에는 사랑이 있어야 합니다.

주님은 그리스도인들이 준비해야 할 하나의 식탁을 말씀해 주십니다. 그것은 사랑의 식탁입니다. 우리는 힘들고 어려운 이웃을 위해, 다른 사람을 위해 아무런 계산도 하지 않고 그저 베풀 수 있는 사랑의 식탁을 준비해야 합니다. 그 식탁을 풍성하게 채워야 합니다.

말씀의 식탁이 있습니까

이번에는 에서에 관하여 이야기해 보겠습니다. 에서는 사냥을 다녀온 뒤라 너무 배가 고팠습니다. 그래서 죽을 만들고 있는 야곱의 계략을 헤아릴 수 없었습니다. 창세기 25장 30절에 보면 에서는 사냥을 마치고 집에 오자마자 야곱에게 팥죽 한 그릇 먹게 해 달라고 말합니다. 그러자 야곱은 그때를 놓치지 않고 장자의 명분을 팔라고 이야기합니다. 에서는 "내가 죽게 되었으니 이 장자의 명분이 내게 무엇이 유익하리요"(창 25:32) 하고 말합니다. "배고파 죽겠네"라는 말은 우리도 평소에 자주 하는 말입니다. 하지만 배고파 죽겠다고 밥 한 끼에 지금 살고 있는 집을 팔 수 있겠습니까?

그런데도 에서는 팥죽 한 그릇에 그 소중한 장자권을 야곱에게 팔아넘깁니다. 에서가 그런 선택을 할 수 있었던 것은 자기 인생에서 장자권을 그다지 중요하게 여기지 않았기 때문입니다. 이것은 굉장히 심각한 것입니다. 하나님이 중요하게 여기시는 것을 에서는 하찮게 여기고 있었다는 뜻입니다. 육체의 것만 구할 뿐 영적인 가치는 모른 채 살아가는 것입니다. 마치 육체의 쾌락을 위해 맛집은 엄청나게 찾아다니면서 영을 채우는 양식인 말씀과 기도의 소중함은 전혀 모르고 살아가는 것과 같습니다.

창세기 25장 34절에는 에서에 대해서도 네 가지 표현이 나옵니다. 에서가 '먹으며, 마시고, 일어나, 갔다'고 합니다. 이 네 동사는 우리가 매일 하는 것 아닙니까? 그가 매일 어디로 갔든, 무엇을 먹었든 그 행동에는 특별할 것이 없었을 것입니다. 그러나 여기에 야곱에게는 있었지만 에서에게는 없었던 것이 있습니다. 무엇인 줄 아십니까? 바로 하나님입니다. 에서에겐 하나님이 거하실 자리가 없었습니다. 하나님의 축복을 기대하는 마음도 없었습니다. 이 말은 에서의 삶에는 하나님과의 교제가 없었다는 뜻입니다. 에서는 그 깊고도 풍성한 은혜를 맛보지 못한 것입니다. 이런 에서를 히브리서 12장에서는 이렇게 표현합니다.

> 음행하는 자와 혹 한 그릇 음식을 위하여 장자의 명분을 판 에서와 같이 망령된 자가 없도록 살피라 히 12:16

성경은 에서를 음행하는 자와 동급으로 취급합니다. 한 그릇 음식을 위하여 장자의 명분을 판 것과 음행을 똑같은 행위로 설명하고 있습니다. 음행하는 자는 쾌락을 즐기는 동안 그 후에 벌어질 일을 전혀 신경 쓰지 않습니다. 에서도 장자권, 나아가 하나님을 소홀하게 여기면서 그 후에 어떤 일이 벌어질지 전혀 예상하지도, 신경 쓰지도 않았습니다.

성경의 인물들을 연구했던 알렉산더 와이트(Alexander Whyte)의 의견은 에서의 문제를 더 깊이 생각해 보게 합니다. 그는 야곱이 자신의 형 에서가 장자권을 팔 것이라고 생각하게 된 이유가 있었다고 말합니다. 어느 누구도 장자권을 갑자기 파는 사람은 없다는 것입니다. 이미 에서는 장자권이 아무것도 아니라는 생각을 수없이 했을 것입니다. 마음속에서 장자권을 버렸고, 여러 번 팔아먹은 경험이 있었을 것입니다. 사람은 어떤 죄를 짓기 전에 마음으로 그 죄를 허다하게 짓습니다. 야곱은 평소 형을 보면서 알았습니다. 장자권을 팔 자인지 아닌지를 말이죠. 에서 안에 하나님이 없다는 것을 알고 적당한 기회를 포착하기 위해 형을 눈여겨보았던 것입니다.[10]

사람을 보면 그럴 사람인지 아닌지를 알 수 있습니다. 사탄도 그렇습니다. '이 사람에게 선악과를 주면 바로 먹겠구나' 하는 것을 금방 압니다. 그렇다면 당신의 삶은 어떻습니까? 에서와 같은 순간에 당신은 어떻게 합니까? 달콤한 유혹 앞에서 너무도 쉽게 하나님을 저버린 적은 없습니까? 은혜의 자리를 너무도 가벼이 여긴 적은 없습니까?

예수님은 공생애를 시작하기 전, 40일을 금식하십니다. 굶주렸을 때 사탄에게 제일 처음 받는 시험이 무엇입니까? 식탁 좀 만들어 보라는 것입니다. 돌로 떡을 만들라는 것이지요. 그때 예수님이 하셨던 말씀을 우리는 잘 알고 있습니다.

예수께서 대답하여 이르시되 기록되었으되 사람이 떡으로만 살 것이 아니

요 하나님의 입으로부터 나오는 모든 말씀으로 살 것이라 하였느니라 하
시니 마 4:4

그런데 안타깝게도 에서에게는 말씀이 없었습니다. 그래서 분
별할 수도 없었습니다. 만약 하나님의 말씀이 에서의 삶에 있었더
라면 과연 그런 어리석은 결정을 내렸을까요? 하지만 후회해도 때
는 이미 늦었습니다. 우리도 하나님의 말씀이 없다면 얼마든지, 언
제든지 에서와 같은 어리석은 결정을 내릴 수 있다는 것을 기억해
야 합니다.

이처럼 우리는 에서를 통해 또 하나의 식탁을 배웁니다. 그것은
바로 말씀의 식탁입니다. 우리는 육의 것만을 쫓는 식탁에서 벗어
나 영의 양식, 즉 말씀의 식탁을 사모해야 합니다. 우리 안에 영의
양식이 없다면 그것 역시 위험한 식탁이라고 할 수 있습니다. 아무
리 산해진미를 먹어도 하나님의 말씀을 가지지 못한 사람에겐 우
울한 만찬일 뿐입니다. 먹어도 먹어도 채워지지 않으니 갈급함과
공허함만 가득할 것입니다. 하나님은 말씀하십니다. 야곱의 위험
한 식탁만이 아니라 육체의 것만 추구하는 에서의 영적 무지몽매
함도 그만두라고 말입니다. 이제는 그런 삶을 멈추라고 말입니다.
당신은 야곱 같은 사람입니까, 에서 같은 사람입니까? 간절할 때
는 야곱이 되었다가, 세상 편해질 때는 에서가 되어 살아가고 있지
는 않습니까?

요한복음 4장에서 제자들은 먹을 것을 구해 와서 예수님께 잡수

시기를 청합니다. 그때 예수님은 "내게는 너희가 알지 못하는 먹을 양식이 있느니라"(요 4:32) 하고 말씀하십니다. 제자들은 그 뜻을 이해하지 못하고 누가 예수님께 먹을 것을 갖다드렸는지 서로 수군거립니다. 그들은 여전히 육의 양식만을 생각했던 것입니다. 그때 예수님은 이렇게 말씀하십니다.

> 예수께서 이르시되 나의 양식은 나를 보내신 이의 뜻을 행하며 그의 일을 온전히 이루는 이것이니라 요 4:34

주님의 양식은 말씀이며, 그 말씀대로 순종하는 것입니다. 이제 말씀이 있는 식탁을 마련하십시오.

주님은 나아가 우리 가정에도 육의 양식만이 아니라 말씀의 식탁이 있기를 원하십니다. 자녀의 가슴에 하나님의 말씀을 심어 주는 식탁이 있는 가정이 되기를 원하십니다. 그러려면 부모가 먼저 말씀으로 내면을 채워야 합니다. 만일 부모에게 말씀이 없다면 자식에게 말씀을 줄 수 있겠습니까? 믿음의 가정이라고 하면서도 자식들에게 성공만 가르치고 있다면 우리는 오늘 집에서 에서들을 길러 내고 있는 것입니다.

예수님은 구원의 식탁을 준비하셨습니다

마지막으로 하나님이 우리에게 원하시는 또 하나의 식탁은 바로 구원의 식탁입니다. 이번에는 예수님이 준비하신 식탁을 살펴보겠습니다. 예수님은 공생애 시절 여러 식탁을 즐기셨습니다. 특별히 사람들의 손가락질을 받는 세리와 죄인들과 버림받은 사람들과의 식사를 즐기셨습니다. 그러나 바리새인들은 그런 예수님을 비난합니다. 왜 저런 인간들과 함께 마주앉아 밥을 먹느냐고 말이죠. 하지만 그럼에도 예수님은 여전히 그들과 더불어 먹으며, 그들의 친구가 되어 주셨습니다.

그리고 예수님은 돌아가시기 전 마지막 식탁을 준비하셨습니다. 그 식탁에는 빵과 포도주가 준비되어 있었습니다. 예수님은 제자들을 불러 식탁을 차리신 뒤, "이 빵은 너희를 위하여 주는 내 몸이며, 이 포도주는 너희를 위하여 붓는 내 피다"라고 말씀하십니다(눅 22:19-20 참조). 선악과를 먹고 죄로 죽을 수 밖에 없는 우리에게 당신의 몸과 피를 내어 주셨습니다. 그리고 그 식탁에서 결코 잊어서는 안 될 말씀을 하십니다.

"나를 기념하라."

예수님이 차리신 그 마지막 식탁을 우리는 성만찬이라고 부릅니다. 예수님은 십자가에 달려 몸 찢기고 피 흘려 그것을 아낌없이 우리에게 나누어 주셨습니다. 마침내 죽음에서 영원한 생명으로 옮겨 주시는 구원의 식탁을 마련하신 것입니다. 그런 주님께서 오늘 우리에게 물으십니다.

"지금 너의 식탁은 진정 나를 잊지 않고 있느냐? 나를 기억하고 있느냐?"

오늘도 주님은 "볼지어다 내가 문밖에 서서 두드리노니 누구든지 내 음성을 듣고 문을 열면 내가 그에게로 들어가 그와 더불어 먹고 그는 나와 더불어 먹으리라"(계 3:20)고 말씀하십니다. 주님께서는 언제든 우리를 위해 풍성한 만찬을 준비하고 계십니다. 주님이 베푸신 그 식탁 앞에 주님과 마주하는 기쁨을 누리기 바랍니다.

우리는 누군가에게 생명나무가 될 수는 없지만 한 가지는 할 수 있습니다. 믿지 않는 영혼들에게 사랑의 식탁을 나누며 영원한 양식이신 예수님을 전하는 것입니다. 주님을 모르는 영혼들에게 예수님을 전하는 식탁을 만드는 것입니다. 누군가의 안부를 묻고, 잘 살고 있는지, 어려운 일은 없는지 묻고 돌봐 줄 수 있지 않겠습니까? 그럴 때, 우리의 식탁은 주님이 임재하시는 영혼을 살리는 성만찬이 될 것입니다.

주님은 야곱과 에서의 위험한 식탁을 보여 주시며 오늘 우리에게 이 구원의 식탁으로 살아가라고 말씀하십니다. 그 일을 위해 당신의 식탁을 사용하기 바랍니다. 당신의 식탁이 주님을 만날 수 있는 풍성한 식탁이 되길 축복합니다.

그리고 예수님이 다시 오시는 날, 주님은 완전한 식탁을 준비하시고 우리를 어린양의 혼인 잔치에 부르실 것입니다. 그날 주님과 함께하는 식탁에서 다 함께 가슴 벅찬 식사를 하게 되길 바랍니다.

우리의 삶이

다른 이들을

구원의 식탁으로

초대하는

여정이기를

소망합니다.

(2장) "네가 누구냐?"

사람은 무언가를 갈망하고 있습니다.

그러나 세상은 사람들이 원하는 것을 갖고 있지 않습니다.

설령 당신이 세상을 다 얻는다 해도

당신의 갈망을 만족시키기에 세상은 결코 충분하지 않습니다.

앞으로도 충분하지 않을 것이며 과거에도 결코 충분했던 적이 없었습니다.[1)]

그러나 하나님을 만날 때 우리의 갈망은 넘침이 됩니다.

야곱은 지금 그 갈림길에 서 있습니다.

신년이 되면 덕담으로 나누는 인사가 있습니다. 바로 "새해 복 많이 받으세요"입니다. 사람들의 마음에는 누구든지 복에 대한 갈망이 있습니다. 그러니 서로 축복해 주고 잘되기를 바라는 것이 얼마나 좋은 인사입니까? 그러고 보면 "사랑하는 자여 네 영혼이 잘됨같이 네가 범사에 잘되고 강건하기를 내가 간구하노라"(요삼 1:2) 하는 요한 서신의 말씀은 축복의 질서가 잘 정리되어 있는 은혜로운 말씀이자 기도입니다.

특별히 시편은 놀랍게도 그 첫 장에 '복 있는 사람이 어떤 사람인가?'를 알려 주면서 시작합니다. 시편은 성경 중에서도 인생의 서사시와 같은 책입니다. 인간의 기쁨과 슬픔, 감격과 눈물, 부르짖음과 응답, 탄식과 찬송의 조화가 150편의 시와 노래로 펼쳐진 인생 협주곡과 같습니다. 그런 인생의 여정을 담고 있는 책의 첫 장이 복 있는 사람에 관한 이야기로 시작한다는 것은 큰 의미가 있습니다.

성경에서 복이라는 단어가 많이 등장하지만 하나님은 언제나 두 가지를 명확하게 다루고 계십니다. 하나는 '복이란 무엇인가?'에 대한 성경적 의미이며, 또 하나는 '복의 주인이 누구인가?'에 대한 것입니다. 이 두 가지에 관해서는 절대 타협이 없으십니다. 우리가 복을 원한다면 적어도 복의 정의가 무엇인지, 그리고 그 복을 주시는 분이 누구인지는 알고서 받아야 하지 않겠습니까?

창세기 27장의 이야기는 우리가 갈망하는 그 복의 주인이 누구인가를 다시 한 번 돌아보게 합니다.

동기는 옳았어도 방법이 틀렸습니다

성경에 한 가족이 등장합니다. 아버지 이삭과 어머니 리브가, 그리고 두 아들 에서와 야곱입니다. 이들의 공통점이 있다면 다들 마음 안에 복에 대한 열정이 있다는 것입니다. 하지만 네 사람은 모두 잘못에 빠져 있습니다. 이들은 하나님의 뜻과 목적을 따르기보다는 각자 자신의 유익을 추구하고 있습니다.[12] 그 복을 향한 집념이 이들의 인생을 어떻게 바꾸어 놓는지 한번 살펴보겠습니다.

이삭은 점점 나이가 들어 앞을 보지 못하는 지경에 이르렀습니다(창 27:1 참조). 그는 자신의 임종이 가까이 온 것을 알고 장자인 에서를 축복해 준 후에 세상을 떠나고 싶었습니다. 당시 맏아들은 집안을 잇는 자로서 유산 상속뿐 아니라 영적 축복권도 받게 되어 있었기 때문입니다. 그래서 이삭은 에서에게 자신이 좋아하는 별미를 만들어 달라고 부탁합니다. 그 음식을 먹고 에서를 축복할 생각이었습니다. 그러나 결국 이 축복권은 아버지 이삭의 생각과는 달리 발뒤꿈치를 잡은 자, 속이는 자, 빼앗는 자라는 이름을 가진 둘째 아들 야곱이 가로채 버리고 맙니다. 이삭의 계획이 완전히 틀어져 버린 것입니다.

이삭이 그의 아들 에서에게 말할 때에 리브가가 들었더니 에서가 사냥하여 오려고 들로 나가매 창 27:5

이삭이 에서에게 별미를 가져오면 축복해 주겠다고 한 말을 어머니 리브가가 들었습니다. 리브가는 자신이 좋아하는 아들 야곱을 불러 자신이 명하는 대로 하라고 말합니다. 요즘 엄마들이 하는 대로 "너는 그냥 엄마가 시키는 대로 해!" 한 것입니다. 우리가 아는 것처럼 아버지 이삭은 에서를, 어머니 리브가는 야곱을 더 좋아했습니다. 어쩌면 이런 편애가 두 아들의 비극의 시작이었는지도 모르겠습니다. 게다가 리브가는 자신이 임신했을 때 "큰 자가 어린 자를 섬기리라"(창 25:23) 하셨던 하나님의 말씀을 들었기 때문에 야곱이 그 복을 받기 원했을지도 모릅니다. 어쨌든 리브가는 이 복을 자신이 사랑하는 아들, 야곱이 받게 하겠다고 마음먹었습니다. 그래서 일을 꾸미기 시작합니다.

리브가는 예민하고 정확한 사람이었습니다. 야곱을 향한 하나님의 계획을 알고 있었지만 그것이 성취될 때까지 기다리는 것에 만족하고 있을 수 없었습니다. 여기서 그녀의 문제는 야곱이 축복을 받도록 애쓴 사실이 아니라 그 축복을 얻기 위해 선택한 방법이었습니다.[13] 그 약속은 하나님이 주신 것이 맞았지만 방법은 리브가의 생각에서 나온 것, 즉 '리브가 플랜'이었던 것입니다.

염소 떼에 가서 거기서 좋은 염소 새끼 두 마리를 내게로 가져오면 내가 그것으로 네 아버지를 위하여 그가 즐기시는 별미를 만들리니 네가 그것을 네 아버지께 가져다 드려서 그가 죽기 전에 네게 축복하기 위하여 잡수시게 하라 _{창 27:9-10}

리브가는 야곱에게 염소 떼에 가서 좋은 염소 새끼 두 마리를 가져오라고 합니다. 그것으로 아버지가 좋아하는 별미를 만들어 줄 테니 갖다드리고 장자의 축복을 네가 받으라고 일러줍니다. 원래는 장남인 에서가 축복받는 것이 자연스럽습니다. 그런데 리브가는 에서가 아닌 야곱이 축복받도록 치밀한 계획을 짰습니다. 이런 어머니의 계획에 야곱은 얼른 알겠다고 대답하지 못합니다.

야곱이 그 어머니 리브가에게 이르되 내 형 에서는 털이 많은 사람이요 나는 매끈매끈한 사람인즉 아버지께서 나를 만지실진대 내가 아버지의 눈에 속이는 자로 보일지라 복은 고사하고 저주를 받을까 하나이다 _{창 27:11-12}

야곱의 대답 속에서 약간의 망설임이 느껴집니다. 형 에서는 털이 많지만 자기는 없으니 아버지가 자기를 만져 보면 금방 탄로가 날 것이 분명하다는 것입니다. 그는 혹시라도 그렇게 된다면 복은 고사하고 저주를 받게 되지나 않을까 염려하고 있습니다. 팥죽 한 그릇으로 형은 속였지만 이번에는 아버지를 속이는 일입니다. 야곱은 두려웠고, 이렇게까지는 하고 싶지 않았습니다. 이처럼 우리도 살다 보면 그리스도인으로서 어떤 일 앞에서 망설여질 때가 있습니다. 성령님께서 우리 내면에 고민을 주실 때가 있습니다. 그 일은 멈춰야 합니다. 그렇지 않으면 두고두고 후회할 일이 찾아올 수 있습니다.

옛말에 "자식 이기는 부모 없다"고 했던가요? 그런데 리브가는 자식을 이겼습니다. 혹시 아버지에게 들킬까 두려워하는 야곱에게 리브가는 "이 일이 잘못되면 저주는 내가 다 받을 테니 너는 그저 내 말대로 가서 복을 받아 오거라" 합니다. 어떻게 보면 자식을 향한 어머니의 사랑이 눈물겹기도 합니다. 하지만 방식이 잘못되었다면 그 사랑은 오히려 자식에게 해가 될 수 있습니다.

여기에서 리브가가 반복해서 하는 말이 있습니다. "내 말을 따르라"는 것입니다. 그녀가 지금 자식에게 강요하는 것은 하나님의 뜻이 아니라 자기 뜻입니다. 자식들이 잘못을 저지를 때 바르게 인도해야 하는 것이 부모의 도리인데, 지금은 오히려 부모가 나서서 하나님의 뜻을 거슬러 잘못된 길을 가도록 명령하고 있습니다. 어머니가 이런 식으로 삶을 가르친다면 자녀들은 어떤 믿음을 갖게 될까요? 과연 이러한 방식으로 성경이 말하는 하나님이 주실 복을 얻을 수 있을까요?

결국 리브가는 자신의 뜻을 밀어붙였습니다. 그녀의 행동에는 하나님의 뜻과 계획은 철저히 배제되어 있습니다. 하나님은 한 사람 한 사람을 향한 계획이 있습니다. 우리 모두를 향한 하나님의 섭리와 뜻이 있는 것입니다. 야곱을 향한 계획도 하나님의 시간표 안에 있습니다. 그런데 리브가는 하나님의 뜻이나 방법이 아닌 자기 힘과 방법으로 그 복에 대한 계획을 직접 이끌어 가고 있습니다. 이것이 문제였습니다. 물론 야곱을 잉태했을 때 "큰 자가 작은 자를 섬기리라"는 하나님의 언약이 있었던 것은 사실이지만, 하나님은 그 언약이 이런 방식으로 이루어지는 것을 원하지 않으셨습니다. 리브가는 복에 집착했습니다. 그 집착이 잘못된 선택을 하게 만든 것입니다. 어떤 수단과 방법을 써서라도 원하는 것을 얻기만 하면 되는 것일까요? 하나님보다, 성령보다 앞서서 움직이는 것은 대단히 위험한 일입니다.

요즘 세계정세 속에서 '패싱론'이라는 말이 종종 등장합니다. 어떤 사안에 대해서 그 일과 관계된 나라와 상의하지 않고 그냥 지나가는 것을 말합니다. 마찬가지로 리브가는 하나님의 일임에도 하나님의 뜻은 생각하지 않은 채 자기 마음대로 일을 이끌어 가고 있습니다. 복 받기를 그토록 원하면서도 정작 그 복을 주시는 분을 무시한 채 지나쳐 버리고 맙니다. 혹시 나도 어떤 일을 결정할 때 주님의 계획은 헤아리지 않은 채 얻고 싶은 것만을 향해 달려가지는 않습니까? 하나님의 뜻은 묻지도 않고 내 소견에 옳은 대로, 내가 원하는 대로 밀어붙이고 있지는 않습니까? 그 여정 속에 하나님의 인도하심이 없다면 그것은 절대로 복이 될 수 없습니다. 결과가 아무리 유익해 보여도 하나님이 인정하시는 복이 될 수 없다는 뜻입니다.

하나님이 복의 주인이십니다

리브가는 자신의 계획을 행동으로 옮기기 시작합니다. 먼저 맏아들 에서의 체취가 묻어 있는 옷을 가져다가 야곱에게 입힙니다. 그리고 염소 새끼의 가죽을 그의 손과 목에 입히면서 털이 있는 것처럼 분장을 시킵니다. 마지막으로 별미와 떡을 만들어 그의 손에 들려 주며 아버지에게 보냅니다. 이삭을 속이기 위해 야곱을 철저히 에서처럼 만들었습니다(창 27:15-17 참조).

리브가와 야곱은 지금 무엇 때문에 이런 일을 꾸미고 있습니까? 복을 얻기 위해서입니다. 더 정확하게 말하면 복을 가로채기 위해서입니다. 이 정도의 노력이면 복을 향한 마음이 꽤 간절했을 것입니다. 그런데 여기에서 이 모자가 놓치고 있는 것이 있습니다. 그것은 복의 주인이 누구인가에 대한 것입니다. 리브가와 야곱은 정신없이 복을 좇느라 복을 주시는 분이 하나님이시라는 사실을 까맣게 잊고 있습니다. 도대체 무엇이 복입니까? 지금 내가 간절하고 애타게 바라는 그 복이란 것이 언젠가 안개처럼 사라지고 풀잎처럼 시들어질 것은 아닙니까?

성경이 보여 주는 중요한 메시지가 있습니다. 복을 먼저 구하지 말고 복의 주인이신 하나님을 먼저 구하라는 것입니다. 우리의 신앙생활이 어느 순간 이렇게 될 때가 있습니다. 하나님을 구하는 것이 아니라 하나님이 주시는 복을 구하면서 그것이 믿음인 줄 착각하는 것입니다. 심지어 원하는 것을 얻음으로써 마치 자신이 하나님을 잘 믿는 사람이라는 것을 증명하려고까지 합니다.

복을 먼저 구하지 말고

복의 주인이신

하나님을 먼저

구하십시오.

성경에는 남들이 다 부러워할 만한 복을 받은 사람이 나옵니다. 바로 욥입니다. 그는 부유한 사람이었습니다. 성경은 그에 대해 "온전하고 정직하여 하나님을 경외하며 악에서 떠난 자"(욥 1:1)라고 설명합니다. 하루는 사탄이 하나님께 와서 욥의 모든 소유물을 쳐서 거두어 가 달라고 요청합니다. 욥이 하나님을 잘 믿는 것은 그가 받은 복 때문이니 그것을 거두어 가면 그는 하나님을 욕하고 떠날 것이라고 말합니다. 사탄은 우리 마음을 너무도 잘 알고 있습니다. 사탄은 우리가 가진 것을 잃었을 때 하나님을 원망하고 떠난다는 것을 세상에 보여 주고 싶어 합니다. 그래서 욥을 통해 그것을 증명해 보이려고 한 것입니다. 결국 하나님의 허락 하에 사탄은 욥의 모든 것을 쳐서 가져갑니다. 그러나 사탄의 계획과는 달리 욥은 전적으로 하나님만 붙들며 믿음으로 나아갔습니다. 비록 그에게 갈등의 시간도 있었지만, 마침내 욥은 고통 중에 "내가 가는 길을 그가 아시나니 그가 나를 단련하신 후에는 내가 순금같이 되어 나오리라"(욥 23:10) 하고 고백합니다. 욥은 주시는 이도, 거두어 가시는 이도 하나님이시라는 것을 알았던 것입니다.

우리 역시 때때로 이런 시험을 당하여 흔들릴 때가 있습니다. 하나님을 사랑하지 않아서가 아닙니다. 하나님은 사랑하지만 눈에 보이는 성공과 복이 더 커 보일 때가 얼마든지 있습니다. 야곱과 리브가는 하나님을 믿는 사람들입니다. 말 그대로 '모태 신앙인'입니다. 그런데 이들도 하나님이 아니라 복을 먼저 구하고 있습니다. 우리도 살면서 이런 실수를 얼마든지 범할 수 있습니다. 하나님을 믿는 것처럼 살지만 때로는 하나님보다 하나님이 주시는 복을 더 사랑하고 좋아하게 되는 것입니다. 그러나 그로 인해 가족과 이웃을 아프게 하고, 하나님의 근심이 될 수도 있습니다. 하나님은 부디 사랑하는 자녀들이 그런 길을 걷지 않기를 바라십니다.

성경은 신앙인들의 참된 복이 무엇인지를 리브가와 야곱을 통해서 가르쳐 주고 있습니다. 진정한 복은 하나님을 갈망하는 것입니다. 하나님이 우리를 위해 준비해 주신 것을 하나님의 뜻대로 받는 것이 참된 복입니다.

하나님의 음성이 들리지 않을 때가 있습니다

> 야곱이 아버지에게 나아가서 내 아버지여 하고 부르니 이르되 내가 여기 있노라 내 아들아 네가 누구냐 _창 27:18_

이번에는 조금 더 심각한 일이 벌어집니다. 드디어 야곱이 별미를 가지고 아버지가 있는 방으로 들어갑니다. 그런데 이상합니다. 아들이 들어오는데 아버지가 "네가 누구냐?" 하고 묻습니다. 이것은 어떤 의미일까요? 보통의 상황이라면 부모가 자식을 알아보지 못할 리가 없습니다. 저는 우리 교회 교역자들이 계단을 올라오는 발자국 소리만 들어도 대충 누군지 알 수 있습니다. 하물며 아버지가 아들이 들어오는데 누군지 모를 리 있겠습니까? 그런데도 이삭은 왜 그렇게 물어봤을까요?

이 질문은 비단 이삭이 야곱에게 던지는 물음만이 아닙니다. 여기에는 하나님의 메시지가 있습니다. 하나님의 자녀 야곱이 에서의 체취가 묻은 옷을 입고 아버지를 속이는 죄를 지으려는 순간, 하나님이 물어보시는 것입니다.

"야곱아! 너는 누구냐? 야곱아! 너 지금 뭐 하고 있느냐?"

하나님은 자녀가 죄를 지으려고 할 때 결코 잠잠히 계시지 않습니다. 그에게 찾아가 말씀하십니다. "사랑하는 아들아, 너 지금 뭐 하고 있는 거니?" 하고 말입니다. 이 시간, 하나님은 우리에게도 물으십니다.

"너는 누구냐?"

저는 목사라고 대답할 것이고, 신앙인들은 그리스도인이라고 대답할 수 있습니다. 그러면 하나님은 다시 물어보실 것입니다.

"너, 정말 목사냐? 너 정말 그리스도인이냐?"

이 질문 앞에 우리는 대답해야 합니다. 당신은 그리스도인이 맞습니까? 예수 믿고 구원받은 사람이 맞습니까? 하나님께서 물어보시는 이유는 입으로만 그리스도인이라고 말하지 말라는 뜻입니다. 남의 옷을 입었다고 그 사람이 되는 것이 아니라는 말입니다. 네가 살아가고 있는 그 삶이 진정으로 그리스도인이냐고 물어보시는 것입니다.

내가 어떻게 살고 있는지는 나만이 압니다. 남들이 모르는 나만 아는 삶이 있습니다. 내가 어떤 인간인지 나만 알고 있는 것이 있습니다. 혹시 겉으론 고상한 척하면서 입으로는 틈만 나면 다른 사람을 판단하는 말을 내뱉지는 않습니까? 겉으로는 온유한 척하나 속으로는 온갖 불평과 원망이 목구멍까지 차 있지는 않습니까? 나 자신은 물론 다른 사람도 속이고 있지는 않습니까? 우리는 수많은 가면을 쓰고 살아갑니다. 그런 우리에게 주님은 "너는 누구냐?"고 물어보십니다. 당신은 하나님 앞에서 누구입니까? 무엇이라고 대답하겠습니까?

그 질문에 야곱은 이렇게 대답합니다.

> 야곱이 아버지에게 대답하되 나는 아버지의 맏아들 에서로소이다 아버지께서 내게 명하신 대로 내가 하였사오니 원하건대 일어나 앉아서 내가 사냥한 고기를 잡수시고 아버지 마음껏 내게 축복하소서 창 27:19

야곱은 자신이 에서라고 주장합니다. 하나님께서 정녕 그가 누군지 몰라서 물으신 것일까요? 하나님은 우리의 고백을 듣고 싶으신 것입니다. 우리가 스스로를 돌아보는 시간을 갖길 바라시는 것입니다. "주님, 제가 죄인입니다"라고 고백하며 나오기를 바라시는 것입니다. 그럴 때 하나님께서 그 고백을 들어 주시겠다는 것입니다. 만약 야곱이 이삭의 질문에서 하나님의 이러한 음성을 들었더라면, 그 질문이 하나님이 자신을 향해 하신 질문이라는 것을 알았더라면 거기에서 멈췄을지도 모릅니다. "아버지, 저 야곱입니다"하며 솔직히 고백하고 그만두었을 것입니다. 그러나 안타깝게도 야곱은 이삭의 음성은 듣고 하나님의 음성은 듣지 못했습니다.

성경은 말씀하고 있습니다. 사람의 말만 들으려 하지 말고 하나님의 음성에 귀를 기울이며 살라고 말입니다. 사람의 말을 듣는 것에는 익숙하지만 하나님의 음성을 듣는 것에는 서툰 사람이 비단 야곱만은 아닐 것입니다. 바로 제 모습이고 우리의 모습입니다.

야곱은 에서라고 대답할 때가 아니었습니다. 사람의 말뿐 아니라 아버지 이삭을 통해 말씀하시는 하나님의 음성을 들어야 할 때였습니다. 그런데 야곱의 눈에는 자신이 빼앗아 갈 복만 보였습니다. 남을 속여야 하는 사람은 마음이 급합니다. 상대방에게 들통나기 전에, 남이 알아차리기 전에 빨리 해치우고 가야 하기 때문에 시야가 좁아지고, 분별력도 사라집니다. 충고도 잘 들리지 않습니다. 그런 사람에게 하나님의 음성이 들릴 리 만무합니다. 하지만 하나님은 우리가 죄를 지으려고 할 때 반드시 멈추라고 말씀하십니다. 살아 있는 믿음은 그 음성에 반응하는 것입니다. 그런데 죄가 우리 안에 들어오면 조급함이 그 음성을 듣지 못하게 합니다. 하나님이 아닌 다른 것으로 가득 차 있는 사람은 하나님의 음성이 들리지 않습니다.

그 다급한 순간에 이삭은 자꾸만 야곱에게 질문합니다. 그냥 빨리 축복해 줬으면 좋겠는데 그런 야곱의 속을 아는지 모르는지 이삭은 아들에게 어떻게 이렇게 빨리 염소를 잡아 음식을 만들었는지 물어봅니다. 왜 그런 줄 아십니까? 하나님이 이삭을 통해 야곱에게 자꾸 묻고 계시기 때문입니다. 돌이킬 수 있는 기회를 좀 더 주고 싶으신 겁니다. 이것이 하나님의 마음입니다.

야곱은 다시 한 번 돌이킬 수 있는 기회가 있었습니다. 그때라도 "아버지, 저 야곱입니다. 죄송합니다" 하고 자신의 잘못을 고백할 수 있었습니다. 하지만 그는 마지막까지 거짓말로 그 기회를 놓쳐 버리고 말았습니다. 야곱은 거짓말로 위기를 모면합니다. 더군다나 그 거짓말에 하나님의 이름까지 팔았습니다.

> 이삭이 그의 아들에게 이르되 내 아들아 네가 어떻게 이같이 속히 잡았느냐 그가 이르되 아버지의 하나님 여호와께서 나로 순조롭게 만나게 하셨음이니이다 창 27:20

예수 믿는 사람들이 조심해야 할 것이 있습니다. 자기 거짓말에 하나님의 이름을 들먹거리는 것입니다. 남의 것을 빼앗아 놓고 하나님이 축복했다고 말해서는 안 됩니다. 세상 사람들이 하는 거짓말보다 더 나쁜 것은 함부로 하나님의 이름을 파는 일입니다. 주님의 이름을 들먹거리면서 거짓말하고, 주님의 이름을 빙자해 다른 사람을 판단하는 행위입니다. 거짓말은 또 다른 거짓말을 낳습니다. 악순환이 시작됩니다. 그 올무에 걸리면 쉽게 벗어나기 힘들어진다는 사실을 기억하기 바랍니다.

하나님은 돌이킬 기회를 주십니다

이삭이 야곱에게 이르되 내 아들아 가까이 오라 네가 과연 내 아들 에서인

지 아닌지 내가 너를 만져보려 하노라 창 27:21

이삭은 한 번 더 확인해 봅니다. 야곱에게 자기 앞으로 가까이 오라고 하며 에서인지 아닌지 직접 만져 보겠다고 합니다. 상상해 보십시오. 이때 야곱의 심장이 얼마나 거세게 뛰었겠습니까? 식은 땀이 흐르지 않았을까요? 그러나 안타까운 것은 한 번 죄를 지을 때는 가슴이 떨리다가도 세 번, 네 번 똑같은 죄를 짓고 나면 더 이상 가슴이 뛰지 않는다는 것입니다. 아무렇지 않게 죄를 지을 수 있게 되는 것입니다.[14] 우리 삶에 떨림이 없는 죄가 자리를 잡았다면 그것은 영적인 비극입니다. 반드시 돌이켜야 할 일입니다. 무뎌지는 것만큼 두려운 일도 없습니다. 죄도 자꾸 짓다 보면 습관이 되어 갑니다. 나쁜 습관은 참으로 빨리 익숙해집니다. 하지만 그 나쁜 습관을 바꿀 때는 얼마나 오랜 시간이 걸리는지 모릅니다. 성경은 "복 있는 사람은 죄인들의 길에 서지 않는다"고 했습니다(시 1:1 참조). 죄에 발을 내딛는 순간, 당신의 가슴은 아직 떨리고 있습니까?

야곱이 그 아버지 이삭에게 가까이 가니 이삭이 만지며 이르되 음성은 야곱의 음성이나 손은 에서의 손이로다 하며 창 27:22

아버지는 아들을 만지며 "목소리는 야곱인데 손은 에서의 손이구나" 하며 뭔가 이상해 합니다. 어느 날 성경을 읽다가 저는 이 장면에서 너무나 놀란 적이 있습니다. 마치 주님이 제 가슴에 손을 대시는 것만 같았습니다. 만약 주님이 제게 "겉은 목사인데 속은 아니구나" 하시면 어쩌나 하는 생각이 들었습니다. 그 순간 정신이 번쩍 났습니다. 그날 이후 저는 이 말씀을 평생 가슴에 품고 살아가고 있습니다. 주님 앞에 두렵고 떨리는 마음으로 날마다 나 자신을 점검하고 또 점검합니다. 성령님이 우리에게 손을 대시고는 "겉은 그리스도인인데 속은 아니구나" 하신다면 어쩌겠습니까? 부디 우리 모두 겉도 하나님의 자녀요, 속도 진짜 그리스도인이 되길 진심으로 소망합니다.

그의 손이 형 에서의 손과 같이 털이 있으므로 분별하지 못하고 축복하였더라 창 27:23

연로한 이삭은 야곱의 손에 에서처럼 털이 있으므로 분별하지 못하고 야곱을 축복합니다. 축복하기 전 마지막 순간까지 이삭은 에서인지를 확인하지만 야곱은 끝까지 자신이 에서라고 주장합니다. 결국 이삭은 음식을 먹고 야곱에게 입을 맞추며 옷의 향취를 맡은 뒤 그를 에서로 여기고 여호와의 이름으로 축복해 줍니다.

그런데 이 말씀을 다시 읽어 보십시오. 이삭은 눈이 어두워 그가 누구인지 분별하지 못하고 축복했다고 합니다. 여기서 하나님의 음성이 들리지 않습니까?

"이삭은 분별하지 못했지만 나 여호와 하나님은 야곱 네가 누구인지 똑똑히 알고 있다."

야곱이 아버지 이삭은 속일 수 있었을지 몰라도 하나님은 결코 속일 수 없었습니다. '분별하지 못했다'는 이 구절은 야곱을 바라보시는 하나님의 시선을 명확하게 보여 줍니다.

> 그가 가까이 가서 그에게 입맞추니 아버지가 그의 옷의 향취를 맡고 그에게 축복하여 이르되 내 아들의 향취는 여호와께서 복 주신 밭의 향취로다 하나님은 하늘의 이슬과 땅의 기름짐이며 풍성한 곡식과 포도주를 네게 주시기를 원하노라 만민이 너를 섬기고 열국이 네게 굴복하리니 네가 형제들의 주가 되고 네 어머니의 아들들이 네게 굴복하며 너를 저주하는 자는 저주를 받고 너를 축복하는 자는 복을 받기를 원하노라 창 27:27-29

이 얼마나 엄청난 축복입니까? 하지만 남을 속이면서 빼앗은 복이 정말 온전한 복일 수 있겠습니까? 이렇게 야곱이 욕심부리지 않았어도 하나님은 그가 태어나기도 전부터 이미 아브라함의 언약을 계승할 사람으로 그를 예정하셨습니다. 그런데 자신에게 돌아올 장자의 복을 얻으려 앙금을 남긴 야곱의 행동에 대하여 성경은 도덕적인 문제를 제기하고 있습니다. 이것은 야곱이 빼앗을 것이 아니라 하나님의 거룩한 섭리에 의해 주어질 것이었기 때문입니다.[15] 그래서 하나님은 이날 야곱에게 멈출 수 있는 기회를 여러 번 주셨습니다. 우리 인생에도 마찬가지입니다. 하나님은 우리가 살아가는 중에 돌이킬 수 있는 기회를 주십니다.

참된 복은 하나님의 음성이 들리는 것입니다. 하나님이 말씀하시는 바를 깨닫는 것입니다. 야곱의 문제는 하나님이 계속 말씀하셨는데 그것을 듣지 못했다는 데 있습니다. 이것은 내 믿음이 죽어가고 있다는 증거입니다. 매일의 삶 속에서 하나님이 우리에게 말씀하고 계신다는 사실을 기억하기 바랍니다. 성경을 통해서도, 사람을 통해서도, 환경과 모든 만물을 통해서도, 하나님은 우리에게 말씀하고 계십니다. 그 세미한 음성을 듣는 것이 바로 복입니다.

하나님께 돌아가는 것이 복입니다

하나님은 지금 야곱에게 말씀하십니다. 죄의 자리에서 떠나 하나님의 말씀 앞으로 돌아오라고 말입니다. 지금 야곱에게 가장 필요한 것은 계속 거짓말하는 것도 아니고 빼앗은 복을 가지고 사는 것도 아닙니다. 지금 그가 해야 할 일은 하나님께로 돌아가는 것입니다. 아버지를 속이고 형의 축복을 가로챈 모습일지라도 그 모습 그대로 하나님께 나아가는 것입니다. 그 길만이 회복이요 축복의 길입니다. 그러나 야곱은 아직 그 길을 선택하기에는 마음의 준비가 되어 있지 않은 것 같습니다.

> 이삭이 야곱에게 축복하기를 마치매 야곱이 그의 아버지 이삭 앞에서 나가자 곧 그의 형 에서가 사냥하여 돌아온지라 창 27:30

이삭이 축복하기를 마치고 야곱이 그 자리를 뜨자마자 큰아들

에서가 들어옵니다. 마치 드라마의 한 장면을 보는 것만 같습니다. 이번에는 진짜 에서가 와서 아버지에게 자신이 사냥한 고기를 잡수시고 축복해 달라고 합니다. '방금 에서가 왔다 갔는데, 이건 또 무슨 일인가?' 이삭은 놀라서 물어봅니다.

"너는 누구냐?"

맏아들 에서라는 말에 이삭은 놀라서 쓰러질 지경입니다. 그제야 그는 무슨 일이 벌어진지 알았습니다. 하지만 이미 야곱에게 축복했으니 그도 어쩔 수가 없습니다. 기도한 대로 야곱이 복을 받을 것이라는 말에 에서는 그만 아버지 앞에서 소리 높여 웁니다. 에서 입장에서는 그야말로 억장이 무너지는 순간입니다. 장자의 명분도 빼앗기고, 자신이 받기로 되어 있던 복까지 모두 빼앗겼으니 억울함에 대성통곡할 만합니다. 에서는 아버지에게 뭐라도 좋으니 자신을 위해서도 축복해 달라고 떼를 쓰며 서럽게 웁니다. 이것을 보면 에서도 복에 대한 열망이 컸던 것을 알 수 있습니다.

이 가족의 이야기가 나와는 상관없는 이야기로 들립니까? 복이라는 단어가 와닿지 않습니까? 그렇다면 본문에 나오는 복을 유산이라는 말로 바꾸어 보겠습니다. 장자인 자신이 받아야 할 유산의 3분의 2를 동생이 빼앗아 갔다고 상상해 보십시오. 세상 사람들 기준으로 본다면 어떤 형제가 가만히 있겠습니까? 주변에 보면 아직 부모님이 살아 계신데도 물려받을 유산 때문에 형제들끼리 싸우다가 결국 법정까지 가는 일들을 종종 보게 됩니다. 몇십억 원을 가지고 소송을 걸기도 하지만 몇백만 원 때문에 소송이 붙기도 합니다. 만약 내가 형제들과 유산 문제로 갈등이 생기면 어떻게 하겠습니까? 그리스도인의 참된 복이 하나님이라는 것을 믿는다면, 어려운 순간일수록 하나님이 원하시는 길이 무엇인지를 찾고 순종하기 위해 몸부림치며 걸어 보기를 바랍니다.

저는 에서의 눈물이 너무도 안타깝습니다. 그의 눈물이 하나님 때문입니까, 유산 때문입니까? 그는 지금 눈앞에서 놓친 유산은 아까워하면서 하나님은 보지 못하고 있습니다. 유산은 갈망하면서 하나님은 갈망하지 않고 있습니다. 과연 이런 삶의 태도는 괜찮은 걸까요? 우리가 무엇을 바라보는가에 따라서 마음에 품는 것도 달라집니다.

> 그의 아버지가 야곱에게 축복한 그 축복으로 말미암아 에서가 야곱을 미워하여 심중에 이르기를 아버지를 곡할 때가 가까웠은즉 내가 내 아우 야곱을 죽이리라 하였더니 맏아들 에서의 이 말이 리브가에게 들리매 이에 사람을 보내어 작은 아들 야곱을 불러 그에게 이르되 네 형 에서가 너를 죽여 그 한을 풀려 하니 창 27:41-42

이번 일로 에서는 동생을 미워하게 됩니다. 아버지가 돌아가시면 동생을 죽이겠다는 생각까지 합니다. 그런데 놀라운 것은 이 혼잣말을 어머니 리브가가 또 들었습니다. 어머니들은 도대체 귀가 몇 개인지 모르겠습니다. 분명 이 사안에 대해서 관심이 있었으니 들렸겠지요. 우리는 관심이 있는 것에 대해서는 아주 민감하게 들습니다. 마음에 없는 것은 아무리 말해도 듣지 못하더니, 촉각을 세우고 어떻게 될까 예의 주시하던 일에 대해서는 너무도 분명하게 듣습니다. 리브가의 마음이 하나님께 있어서 그분께 집중하고 있었다면 어땠을까요? 하나님 음성이 잘 들렸겠지요. 그러나 안타깝게도 리브가는 사람의 말은 잘 들어도 하나님 음성은 듣지 못했던 것 같습니다. 우리도 내가 어디에 초점을 두고 귀 기울이는지 생각해 봐야 합니다. 세상의 말이 크면 클수록, 내 생각이 많으면 많을수록 하나님의 음성이 들리지 않습니다.

에서의 말을 듣고 리브가는 야곱을 불러 "형이 너를 죽여 그 한을 풀려고 하니 도망가거라" 하고 말합니다. 잘못하다가는 큰일이 벌어지게 생겼기에 야곱을 외삼촌 라반의 집으로 급히 피신 보내려는 것입니다. 자신이 저지른 일 때문에 하루아침에 두 아들을 다 잃을 수 없다고 여겼기 때문입니다. 결국 그 뒤로 야곱은 도망자 신세가 됩니다. 형의 화가 풀릴 때까지 며칠 동안만 피해 있으라고 한 것이 20년이나 걸릴 줄 누가 알았을까요? 그리고 자신 때문에 그 오랜 시간 얼굴도 보지 못한 채 사랑하는 아들을 도망자 신세로 만든 리브가는 어떤 마음으로 그 세월을 살았겠습니까? 남편 이삭을 속이려 했던 리브가의 계획은 결국 자신이 원치 않는 또 하나의 도망 계획을 낳았습니다. 아마도 리브가는 이것이 사랑하는 야곱과의 마지막이 될 줄은 꿈에도 몰랐을 것입니다. 성경에는 기록되어 있지 않지만 안타깝게도 야곱이 돌아오기 전에 리브가는 죽은 것으로 보입니다.[16] 이것은 인간의 계획을 따른 결과였습니다. 야곱도 리브가도 잘못된 방법을 선택함으로써 겪지 않아도 될 일을 겪었습니다. 남을 속여 복을 가로챈 대가를 그들의 인생에서 혹독하게 치른 것입니다. 하나님의 음성을 듣지 않고, 하나님의 계획이 아닌 자신의 계획대로 몰고 갔을 때, 그 선택의 결과는 스스로 책임져야 합니다.

야곱은 구약의 탕자입니다. 아마도 우리는 야곱의 삶 속에서 자신을 만나게 될 것입니다.[17] 야곱은 다시 하나님 앞으로 오기까지 아주 먼 길을 돌고 돌아야 했습니다. 도망자 신세로 20년 동안 외삼촌 라반의 집에 살면서 야곱은 라반에게 속고 또 속았습니다. 또한 그는 훗날 아들들에게 속아 자신이 가장 사랑하는 아들 요셉이 형들의 손에 팔려갔음에도 죽은 줄로만 알고 20년을 보냅니다. 즉 야곱은 도피 생활 20년은 라반에게 속고, 그 뒤 20년은 아들들에게 속은 채 살아야 했던 것입니다. 이렇게 속고 속인 세월이 40년입니다. 복을 갈망하던 그의 인생이 왜 이렇게 되었을까요? 과연 야곱이 구한 것은 성경이 말하고 있는 진정한 복이었습니까? 결코 아닙니다. 혹여 영원하고 좋은 것이 무엇인지 분별했다 할지라도 잘못된 방법으로 취한 것은 하나님이 허락하신 평생의 복이 될 수 없기 때문입니다.

성경은 야곱의 도피 생활을 통해서 우리가 돌아가야 할 곳이 어디인지 보여 줍니다. 죄를 지었을 때는 다른 곳으로 도망가거나 숨어서는 안 됩니다. 그때는 주님께로 돌아가야 합니다. 아담이 죄를 짓고 부끄러워 숨었을 때 하나님은 "아담아, 어디 있느냐?" 하고 그를 부르셨습니다. 우리는 죄를 짓고 자꾸만 숨으려고 합니다. 죄는 우리를 자꾸만 하나님으로부터 멀어지게 만듭니다. 그러나 하나님으로부터 멀어지는 것이 바로 죄입니다. 신앙은 하나님께로 돌아가는 것입니다. 탕자는 아버지의 집으로 돌아갔습니다. 아버지께 죄를 지었다고 고백하고 회개하는 자리로 돌아갔습니다. 자신은 아들이 아니라 종이라고, 자신은 복을 받을 수 없는 사람이라고 고백했습니다. 그때 아버지는 종을 시켜 가장 좋은 옷을 가져와 그에게 입히고 잔치를 베풀어 줍니다. 이처럼 하나님은 돌아오는 자를 아들로 다시 품어 주십니다. 야곱이 자신의 인생을 통해 깨달은 것은 하나님께 돌아가는 것, 그분 앞으로 더 가까이 나아가는 것이 복이라는 사실이었습니다.

도망갈수록 우리 안에는 평안 대신 두려움이 찾아옵니다. 삶의 여정 속에서 우리는 넘어지고 쓰러질 수 있습니다. 하지만 혹시라도 그런 순간이 찾아왔을 때 도망치고 숨는 것이 아니라 주님께 달려가게 되길 바랍니다. 지금의 내 모습이 어떻다 할지라도 그 모습 그대로 다시 하나님 아버지께로 돌아가길 바랍니다. 그곳에는 평안과 안식이 있습니다. 참 기쁨이 넘칩니다. 복의 주인이신 하나님께서 은혜로 주시는 축복 안에는 쉼이 있다는 것을 기억하기 바랍니다.[18]

하나님 안에 거하지 않는 사람은 계속해서 무엇인가를 갈망하고 찾을 것입니다. 그러나 세상을 다 얻는다 해도 세상은 결코 충분하지 못합니다. 앞으로도 충분하지 않을 것이며 과거에도 결코 충분했던 적이 없었습니다.[19] 오직 하나님을 만날 때 우리의 갈망은 넘침이 될 것입니다. 아무것도 없는 자 같으나 모든 것을 가진 자임을 누리게 될 것입니다.

물질과 명예, 손에 쥐는 것이 복이 아니라 주님만이 우리의 참된 복이며, 복의 주인이십니다. 그러므로 하나님을 먼저 구하는 사람이 되게 해 달라고 구하십시오. 하나님 나라와 그 의를 구하는 자가 되게 해 달라고 기도하십시오. 이것이 참된 복입니다. 사람의 말은 예민하게 다 들으면서 주의 음성이 들리지 않는다면, 우리의 믿음이 죽어 가고 있는 것임을 기억하십시오. 오늘 내게 어떤 말씀을 하시는지 분명하게 깨닫게 해 달라고 무릎 꿇기를 바랍니다.

지금 나의 관심과 초점은 어디를 향하고 있는지 점검해 보기 바랍니다. 당신은 무엇을 바라고 있습니까? 복에 대한 갈망입니까, 하나님을 향한 갈망입니까?

신앙은

하나님께로

돌아가는 것입니다.

Part 2.

도망자,

삶과 죽음의 경계에서

멈추다

(3장) 죄송한 은혜

창 28:10-22

저는 한때 그리스도인들은 죄책감에 눌려 살아가고
불신자들은 걱정 없이 살아간다고 생각했습니다.
이제 저는 그리스도인이야말로 죄책감의 짐을 벗고 살아갈 수 있는
사람들임을 깨닫습니다.
베네딕트 그뢰셸(Benedict Groeschel)은 그것을 이렇게 표현합니다.
"성인(聖人)은 우리 대다수보다 더욱 자주 회개하는 죄인일 뿐입니다." [20]
야곱은 자신도 모르게 하나님이 기다리고 계신 그 자리로 이동하고 있습니다.
그래서 하나님을 아는 죄인의 인생길은 순례의 여정입니다.

사람들과 대화를 하다 보면 어느 부분에서 공감대가 형성될 때가 있습니다. 내가 경험한 걸 상대방도 경험해 봤거나, 내가 고민했던 문제를 그도 똑같이 고민하고 있을 때 그와의 대화는 더 특별해집니다. 아이를 키우는 부모는 육아 이야기로, 입시생 자녀를 둔 부모는 진학 문제로 통하게 되는 것이지요. 그중에서도 남다른 공감대가 형성되는 그룹이 있다면 바로 한국 남자들입니다. 이들이 모이면 하는 이야기가 있습니다. 바로 군대 이야기입니다. 이건 아마도 주님 오실 때까지 계속될지도 모르겠습니다.

어느 그룹이나 이야기를 들어 보면 기쁘고 즐거운 이야기보다는 주로 어렵고 힘들었던 경험을 나누는 경우가 훨씬 많습니다. 어렵고 힘든 경험에 더 공감대를 느끼는 것입니다. 사람들이 모여서 그때의 기억을 나누는 것은 어쩌면 수고하고 힘들었던 그 시간을 서로 추억하며 격려하기 위한 것일지도 모르겠습니다. 나만 겪는 고난이 아니며, 나만 당한 고초가 아니었다는 걸 알게 될 때 위로가 찾아오기 때문입니다.

실패와 절망의 밤에 비로소 주님이 보입니다

창세기 28장은 야곱과 우리 사이에 이런 공감대가 형성되는 장면입니다. 이날 야곱은 형을 피해 도망쳐 나왔습니다. 곁에는 아무도 없습니다. 이 밤은 그에게 너무도 외로운 '영혼의 어두운 밤'입니다. 바람 부는 들판에서 돌베개 하나 베고 자는 춥고 쓸쓸한 밤입니다. 인생에서 참으로 외롭고 쓸쓸한 순간이 찾아온 것입니다.

우리도 세상에서 나 혼자라고 느낄 때가 종종 있습니다. 주변에 아무리 사람이 많아도 군중 속에서 고독을 느끼며, 고난과 어려움을 오롯이 혼자 견뎌 내야 하는 시간들이 어김없이 찾아옵니다. 죄 때문에 위기와 절망에 처하기도 하며, 끝없는 실패감과 무기력으로 비참해지는 순간을 맞이하기도 합니다. 그럴 때 내 믿음은 상한 갈대처럼 흔들립니다. 각자의 처한 상황과 이유는 달라도 그때마다 내가 가진 이 믿음이 꺼져 가는 등불처럼 느껴집니다.

그런데 감사하게도 하나님은 이런 상한 갈대를 꺾지도, 꺼져 가는 등불을 끄지도 않으시는 분입니다. 그분은 연약하고 상처 입은 영혼들을 회복시켜 주시는 분입니다. 인생의 바닥을 경험하고 있는 이들을 결코 외면치 않으시고 사랑과 긍휼을 베푸시는 분이 바로 주님이십니다. 저는 창세기 28장을 통해서 야곱이 실패 속에서 만난 하나님은 어떤 분이신지, 그리고 그 하나님이 야곱을 통해 보여 주신 은혜는 무엇인지 나누고자 합니다.

야곱이 브엘세바에서 떠나 하란으로 향하여 가더니 창 28:10

야곱이 브엘세바를 떠나 하란으로 가고 있습니다. 지금 야곱의 여정은 즐거운 휴가나 설레는 여행길이 아닙니다. 아버지와 형을 속이고 축복을 가로챈 것 때문에 결국 자신이 살던 정든 집을 떠나 외삼촌 집으로 도망가는 길입니다.

그러다가 그는 루스라는 한 성에서 하루를 지내게 됩니다. 그곳은 브엘세바에서 3일 정도 걸리는 곳입니다. 해가 진 저녁 어느 날, 그는 잠시 눈을 붙이기 위해 돌을 가져다가 베개로 삼습니다. 참으로 서글픈 밤입니다. 몸도 마음도 피곤하고 지쳤겠지요. 자신을 죽이려 하는 형을 피해 도망치듯 떠나와서, 변변하게 누울 곳도, 덮을 것도 없는 이 광야 같은 곳에서 혼자 돌베개를 베고 누운 자신의 비참한 신세를 보며 그는 어떤 마음이 들었을까요?

저는 캐나다에서 목회를 하였기에 나그네처럼 살아가는 이민자들의 심정을 조금은 헤아릴 수 있습니다. 낯선 타국에서의 삶은 결코 녹록지 않습니다. 일단 이민을 오게 되면 짐 하나 들고 새로 얻은 집에 들어갑니다. 처음엔 밥 먹을 곳도 마땅치 않아서 신문지나 라면 박스를 깔고 밥을 먹기도 합니다. 이민 온 첫날은 이런저런 생각에 잠도 잘 오지 않아 밤새 뒤척입니다. 이민자들에겐 다들 이런 경험이 있습니다. 한국에서 어떻게 살았든 상관없이 고향을 떠나면 서글픈 법입니다. 조금만 힘든 일을 겪어도 괜히 더 서럽고 눈물이 나지요.

집을 떠나온 야곱에게도 이날은 눈물의 밤이었을 것입니다. 축복을 가로채기만 하면 모든 것이 다 좋아질 줄 알았는데, 오히려 쫓기는 신세가 되어 버린 실패와 좌절의 밤입니다.

그런데 바로 그날 밤, 놀라운 일이 일어납니다. 죄책감과 두려움을 품고 잠든 야곱에게 하나님은 꿈을 주십니다.

> 꿈에 본즉 사닥다리가 땅 위에 서 있는데 그 꼭대기가 하늘에 닿았고 또 본즉 하나님의 사자들이 그 위에서 오르락내리락하고 창 28:12

지쳐서 누워 있는 야곱의 꿈속에 하나님의 천사가 나타납니다. 사닥다리가 땅에서부터 하늘까지 연결됐는데, 하나님의 천사들이 부지런히 오르락내리락하고 있습니다. 여기서 주목할 것은 야곱이 그 모습을 '보았다'는 것입니다. 지금 야곱은 하나님이 보여 주시는 천사와 하늘과 땅에 연결된 사닥다리를 보고 있습니다. 그전에는 이런 것이 보이지 않았습니다. 오직 자신이 차지할 것만 봤습니다. 그런데 이제 그가 주님을 보고 있습니다.

> 또 본즉 여호와께서 그 위에 서서 이르시되 나는 여호와니 너의 조부 아브라함의 하나님이요 이삭의 하나님이라 네가 누워 있는 땅을 내가 너와 네 자손에게 주리니 네 자손이 땅의 티끌같이 되어 네가 서쪽과 동쪽과 북쪽과 남쪽으로 퍼져나갈지며 땅의 모든 족속이 너와 네 자손으로 말미암아 복을 받으리라 창 28:13-14

야곱은 본 것에 이어 이제는 하나님의 음성을 '듣습니다'. 아버지와 형을 속이고 복을 가로챘을 때는 주님의 음성을 듣지 못했습니다. 그런데 실패와 좌절 가운데 처하자 주님의 음성이 들립니다. 이처럼 우리는 가장 낮아졌을 때, 세상에 기댈 것이 없어졌을 때에야 비로소 하나님이 보이고 말씀이 들립니다. 그동안 안 보이던 것이 보이고, 안 들리던 것이 들리는 것입니다. 역설적이지만 이것이 바로 고난과 실패를 통해 만나는 축복입니다.

야곱에게 나타나신 하나님은 자신을 아브라함과 이삭의 하나님, 곧 야곱의 할아버지와 아버지의 하나님이라고 말씀하십니다. 야곱은 모태 신앙인입니다. 어려서부터 자신의 집안에 어떤 하나님의 역사가 있었는지 매일 듣고 자랐을 것입니다. 그렇다고 해서 그 하나님이 '나의 하나님'은 아니었을 것입니다. 지금까지 야곱에게 하나님은 그저 3인칭으로서의 하나님이었습니다. 그런데 오늘 그 말로만 듣던 하나님이 눈앞에 나타났습니다. 이제는 '누군가의 하나님'이 아니라 야곱의 하나님이심을 말씀하고 계십니다. 야곱은 드디어 부모님의 하나님을 '나의 하나님'으로 만나게 된 것입니다.

그런데 저는 여기서 한 가지 의문을 제기하고 싶은 것이 있습니다. 지금 야곱이 어떤 상황입니까? 잘못을 저지르고 도망가는 중입니다. 그런데 하나님은 이 엄청난 죄인에게 도리어 복을 주겠다고 말씀하십니다. 이해하기 어렵습니다. 상식적으로 보면 하나님은 지금 그를 축복하실 때가 아닙니다. 그런데 하나님은 한 걸음 더 나아가서 그에게 너무도 따뜻한 위로를 전하십니다.

내가 너와 함께 있어 네가 어디로 가든지 너를 지키며 너를 이끌어 이 땅으로 돌아오게 할지라 내가 네게 허락한 것을 다 이루기까지 너를 떠나지 아니하리라 하신지라 창 28:15

신앙인이라면 모두가 좋아하는 성경 구절 중 하나이지 않습니까? 그런데 하나님께서 이 말씀을 언제 하셨습니까? 야곱이 잘못을 저지르고 도망치는 중에 말씀하셨습니다. 쫓기는 신세가 되어서 인생의 어두운 밤을 보내고 있는 그에게 땅과 자손을 줄 뿐 아니라 심지어 그가 어디를 가든지 함께하시겠다고, 떠나지 않겠다고 약속하십니다. 세상에서는 내가 어려움을 당하면 아무리 가까이 지내던 사람도 등을 돌리고 소리 없이 떠나고 맙니다. 그러나 하나님은 "내가 너와 함께하리라. 내가 너를 지키리라. 나는 결코 너를 떠나지 않으리라" 하고 말씀하십니다. 낙망하고 쓰러진 이들에게 이 말만큼 가슴 뜨거운 위로가 또 어디 있을까요? 야곱에게도 그날 하나님의 이 말씀은 엄청난 위로가 되었을 것입니다.

자격 없는 자에게 죄송한 은혜를 주십니다

하나님이 야곱에게 보여 주시는 은혜 중에 몇 가지를 나누고 싶습니다. 그중 첫 번째는 바로 '죄송한 은혜(undeserved grace)'입니다. 하나님은 잘난 사람에게만 복을 주시지 않습니다. 복 받을 자격이 없는 사람, 부족한 사람에게도 복을 주십니다. 그래서 저는 이것을 죄송한 은혜라고 표현합니다.

사실 저는 야곱을 축복하시는 하나님을 보면서 "주님, 이러시면 안 됩니다"라고 말한 적이 있습니다. 그런데 그 순간 주님이 저에게 이렇게 말씀하셨습니다.

"나는 너에게도 이런 은혜를 준 적이 있었다."

제가 20대에 시골 교회에서 첫 목회를 할 때였습니다. 그 젊은 열정으로 얼마나 열심히 설교를 준비했겠습니까? 그런데 제가 그렇게 온 힘을 다해 설교하는 동안 성도님들 대부분이 졸고 있는 겁니다. 그분들은 다들 연세가 60이 넘으셨고, 고된 농사일로 매일 바쁘게 사는 분들이었습니다. 그러니 얼마나 피곤하셨겠습니까? 저는 그런 성도님들을 앉혀 놓고 신학교에서 배운 어려운 내용들을 열심히 전했습니다. 그때만 해도 저는 제가 설교를 제일 잘하는 줄 알았습니다. 그래서 '아니, 어떻게 이런 설교를 들으면서 졸 수가 있는가?' 하는 생각에 그 상황을 받아들이기 힘들었습니다. 성도님들이 졸면서 눈을 못 뜨는 시간이 5분, 10분 지나갈수록 강대상에 있던 제게는 좌절감이 몰려왔습니다. 그런데 희한한 것은, 설교가 끝나고 성도님들이 나가면서 제 손을 붙잡고는 "전도사님, 오늘 큰 은혜 받았습니다"라고 말씀하시는 겁니다. 설교 시간에 분명히 졸았던 성도님들이 은혜 받았다고 하면서 나가시더란 말입니다. 비록 생업에 지쳐 설교는 완벽히 듣지 못했어도 그분들의 삶은 저보다 더 경건했고, 주님 앞에 나오는 태도에는 정성이 온몸에 배어 있었습니다. 저는 그분들의 삶을 통해 목회는 말로 하는 것이 아니라 기도와 정성으로 해야 하는 것임을 배웠습니다.

당시에 저는 심방을 다니곤 했는데, 그때마다 20대 전도사를 맞이해 주시는 성도님들의 태도는 지금 생각해도 놀랍기만 합니다. 한 할머니 권사님은 제가 심방을 간다고 하면 그 전날부터 대문 앞에서 50미터 떨어진 먼 길까지 미리 깨끗이 쓸어 놓으셨습니다. 그것도 모자라 다음날 이른 아침에 일어나 또다시 그 길을 정성스럽게 쓸어 두셨습니다. 그러고는 제가 오기 전에 미리 안방에 불을 지펴 두셨습니다. 어찌나 뜨겁게 데워 놓으셨는지 바닥에 앉지도 못할 정도로 해 놓고 방석을 갖다 주면서 아랫목에 앉으라고 저를 이끄셨던 기억이 납니다. 비록 젊은 전도사이지만 마음과 정성을 다해 섬겨 주시는 모습을 보면서 저절로 고개가 숙여졌습니다. 그럴 때마다 저는 이분들을 위해서라도 목회를 더 잘해야겠다는 굳은 결심을 하곤 했습니다. 돌아보면 한국의 시골 교회는 목회자를 길러 내는 산실과도 같았습니다. 저에게도 사역자로서 나름 성실함은 조금 있다고 생각했는데 그분들의 정성을 다하는 마음과는 비교조차 할 수 없었습니다. 저와 아내는 지금도 목회의 반을 첫 목회지에서 배웠다고 사람들과 나누곤 합니다. 생각해 보니 이 은혜로 지금까지 제가 온 것 같습니다. 이렇게 하나님은 죄송한 은혜로 제 삶을 채워 주셨다는 것을 깨달았습니다.

우리가 넘어지고 쓰러져서 주님께 나아갈 수 없을 때가 있습니다. 그때 주님이 우리 인생에 찾아오십니다. 오시기만 하지 않고 축복까지 하십니다. 그래서 이것이 죄송한 은혜입니다. 받을 자격이 없는 자에게 주시기 때문에 감당할 수 없는 은혜입니다. 야곱도 이 은혜를 받았습니다. 축복받을 만한 자격이 없던 순간, 주님이 찾아오셔서 하나님을 기억하게 하시고 축복까지 하셨습니다. 하나님은 그런 분이십니다. 우리가 잘못을 저지르면 징계하시지만, 그 징계마저도 우리를 돌이키게 하려는 사랑이요 은혜인 것입니다. 하나님은 왜 이런 죄송한 은혜를 우리에게 베푸시는 걸까요? 우리가 하나님의 자녀이기 때문입니다. 이런 은혜를 베풀지 않으면 우리 중 누구도 하나님 앞에 돌아올 수도, 계속해서 믿음의 길을 걸어갈 수도 없기 때문입니다. 사람은 이 은혜 때문에 하나님께 돌아올 수 있습니다.

우리 인생을 한번 돌아보십시오. 내 실수로, 내 잘못으로 일어난 문제가 얼마나 많습니까? 그때마다 하나님께서 우리를 징계하셨더라면 살아남을 자가 몇이나 될까요? 그러나 내가 복을 누릴 수 없는 상황에서 주님은 은혜를 베풀어 주십니다. 받을 수 없는 은혜, 죄송한 은혜를 주십니다. 이 은혜가 물이 바다를 덮음같이 우리 인생에 덮여 있다는 사실을 알기 원합니다. 이 죄송한 은혜를 입지 않은 사람은 없습니다. 그러나 이 죄송한 은혜를 깨달은 사람은 많지 않습니다. 당신은 그동안 이 죄송한 은혜를 얼마나 입어 왔습니까? 죄송한 은혜를 입고, 그것을 깨달은 자라면 그 중심에 감사가 새겨져 있을 것입니다.

저는 사무엘상 27-29장을 읽으면서 다윗 역시 이 죄송한 은혜를 경험했을 거란 생각이 들었습니다. 다윗이 사울 왕에게 쫓기고 쫓기다가 블레셋의 가드 왕 아기스에게까지 도망갑니다. 아기스는

죄송한 은혜를 입고

그것을 깨달은 사람의 마음속에는

감사가 새겨져 있습니다.

다윗을 가드의 시글락이라는 지역에 살도록 해 줍니다. 가드는 골리앗이 출생한 곳입니다. 골리앗을 때려눕힌 사람이 누구입니까? 바로 다윗입니다. 말하자면 다윗은 지금 목숨을 구하기 위해 적군의 품에 들어간 것입니다. 그리고 얼마 후 블레셋과 이스라엘 사이에 전쟁이 났습니다. 그때 아기스는 다윗에게 같이 싸우러 나가자고 권유합니다. 다윗더러 블레셋 편에 서서 이스라엘 사람들을 죽이는 전쟁에 함께 참여하자고 이야기한 것입니다. 그러기만 하면 그를 장관으로 세워 주겠다고 제안까지 합니다. 다윗이 큰일 났습니다. 살기 위해 일단 전쟁에 나가겠다고 대답은 했지만 다윗 입장에서는 난감하기 그지없었을 것입니다. 사울에게 쫓기는 것보다 지금이 더 큰 위기라고 느꼈을지도 모릅니다.

전쟁이 일어나기 일보 직전, 일촉즉발의 상황이 되었습니다. 이스르엘이라는 도시를 마주보면서 블레셋과 이스라엘 군사들이 진을 치고 대치하고 있습니다. 곧이어 블레셋 장군들이 군사들을 이끌고 진격하기 시작합니다. 그런데 바로 그 순간, 블레셋 지도자들이 다윗이 따라나서는 것을 보고 적군인 사울 왕의 신하가 왜 여기에 있느냐고 따집니다. 혹시라도 이 자가 배신하여 자신들을 치면 어쩔 것이냐며, 이 사람을 빨리 처소로 돌려보내라고 노발대발하며 반대하고 나선 것입니다. 그동안 목숨을 구하기 위해 적군 진영에 들어와 투항한 것처럼 행세하던 다윗이었습니다. 그가 이러지도 저러지도 못하는 난처한 상황에 처해 있을 때, 놀랍게도 누가 말리고 있습니까? 바로 블레셋 사람들이 말리고 있는 것입니다.

결국 아기스는 블레셋 지도자들의 말을 들었고, 다윗은 전쟁에 나가지 않게 되었습니다. 이때 다윗의 마음이 어땠을까요? 아마도 놀란 가슴을 쓸어내리며 돌아왔을 것입니다. 저는 사무엘상에서 이 장면을 읽었을 때 '죄송한 은혜'라고 적어 놓았습니다. 내 힘으로는 도저히 해결할 수 없을 때, 그만한 것을 받을 자격이 없다고 여길 때마다 그럼에도 불구하고 하나님이 우리에게 기적처럼 베푸신 은혜가 얼마나 많은지요. 그러기에 우리는 평생 감사, 절대 감사를 고백하며 살아갈 수밖에 없습니다.

혼자 걷는 것 같아도 동행의 은혜가 있습니다

그날 밤 야곱은 철저하게 혼자였고, 아무도 의지할 사람이 없었습니다. 누구를 탓하겠습니까? 가족이 그를 버린 것이 아닙니다. 스스로 버림받을 짓을 했습니다. 그는 지금 영적으로 더러운 상태입니다. 그런데도 하나님은 찾아오셔서 말씀하십니다.

"내가 너와 함께하리라."

저는 이런 하나님을 만날 때마다 가슴이 뜁니다. 눈물이 납니다. 왜냐하면 지극히 높으신 하나님께서 이런 허물 많은 죄인과 함께하신다고 말씀해 주시기 때문입니다.

주님은 넘어지고 쓰러진 야곱을 일으켜 세워 주시며 평생 같이 걷겠다고 약속해 주십니다. 우리 역시 야곱처럼 비겁하고 추악한 모습이 있지만 주님은 우리에게 오셔서 "내가 너를 떠나지 않으리라"고 말씀해 주십니다. 주님과 함께 걸어가는 이 은혜를 우리에게도 주신다는 것입니다.

야곱을 통해서 보여 주시는 하나님의 두 번째 은혜는 바로 '동행의 은혜'입니다. 우리 주님은 결코 죄인을 버리지도, 떠나지도 않으십니다. 이것은 우리 같은 죄인에게는 복음입니다. 야곱이 꿈에서 본 사닥다리를 한번 떠올려 보십시오. 천사가 오르락내리락합니다. 우리가 온전해진 모습으로 그 사닥다리를 걸어서 천국에 올라갈 때까지 주님은 기다리고만 계시지 않습니다. 오히려 불완전하고 연약한 우리에게 친히 오셔서, 우리 손을 붙잡고 하나님께로 인도해 주십니다. 우리가 주님께로 간 것이 아니라 주님이 우리에게 오십니다. 그래서 아무것도 아닌 나를 하나님의 자녀로 삼으십니다.

야곱은 이날 자신의 인생을 인도할 목자를 만났습니다. 혼자라고 생각했는데 혼자가 아니었습니다. 이제는 주님과 함께 걷는 것입니다. 외로운 밤이 아니라 주님과 함께하는 밤이 되었습니다. 인생에서 가장 외롭고 비참하던 날, 야곱은 자기에게 가장 가까이 와 계신 하나님을 만난 것입니다.

이 야곱의 하나님이 지금 우리에게도 찾아오십니다. 가정 문제로, 육체의 고통으로, 삶의 어려움으로 고난의 긴 터널을 지나고 있는 사람들에게 주님이 말씀하십니다.

"너는 결코 혼자가 아니다. 세상 끝 날까지 내가 너와 함께하겠다."

주님은 내가 혼자라고 여겼던 그 순간, 인생의 어려움을 당하던 순간마다 우리와 함께 걸으셨습니다. 때로 내가 걸을 힘이 없어 보이면 그런 나를 둘러업고 고통을 함께 나누셨습니다. 이 동행의 은혜를 입게 되면 두려움이 떠나고 하나님이 주시는 평화가 임하게 될 것입니다.

하나님은 왜 우리에게 동행의 은혜를 베푸시는 걸까요? 우리를 돌이키게 하시려는 것이 아닐까요? 야곱이 고난당하던 밤에 찾아오신 주님은 그가 잘못된 삶에서 돌아오기를 기다리셨습니다. 은혜를 입고도 때때로 돌아가지 못하는 것, 그것이 야곱만이 아니라 우리 모습이라는 것을 거울처럼 보게 됩니다. 그러나 도망자 야곱이 누워 있는 바로 그 자리로 사다리가 내려왔습니다. 그리고 하나님이 계신 바로 그 자리까지 사다리가 닿았습니다. 이것이 바로 우리가 하나님께 나아갈 수 없을 때, 하나님께서 우리에게 다가오시는 방법입니다. 하나님은 바로 그 절망의 순간에 우리에게 오십니다.[21] 그리고 하나님이 함께하심을 아는 순간, 그곳은 예배의 자리가 됩니다.

> 야곱이 잠이 깨어 이르되 여호와께서 과연 여기 계시거늘 내가 알지 못하였도다 창 28:16

결국 야곱은 하나님의 음성을 듣고 잠에서 깨어납니다. 더 이상 잠을 잘 수가 없었을 것입니다. 야곱은 드디어 하나님에 대해 깨닫게 됩니다. 잠에서 깨어난 것은 그의 육신만이 아닙니다. 잠자던 그의 믿음이 깨어나기 시작했습니다. 모태 신앙인이었던 야곱은 드디어 '나의 하나님'을 만나게 되었고, 하나님의 존재를 다시 인정하게 되었습니다. 하나님이 여기 계시다면 자신이 죄를 지을 때도 거기에 계셨을 겁니다. 그동안은 그저 몰랐던 것이지요. 이제 야곱은 그때도 지금도 살아서 늘 자신과 함께하시는 하나님을 인정하게 된 것입니다. 그리고 하나님은 먼저 그의 잠들었던 예배를 깨우셨습니다. 야곱은 일어나서 하나님을 예배합니다.

> 야곱이 아침에 일찍이 일어나 베개로 삼았던 돌을 가져다가 기둥으로 세우고 그 위에 기름을 붓고 그곳 이름을 벧엘이라 하였더라 이 성의 옛 이름은 루스더라 창 28:18-19

이 예배는 야곱이 준비한 것이 아닙니다. 하나님이 준비하신 예배였습니다. 이 예배를 통해 야곱의 삶이 변화되는 은혜가 펼쳐집니다. 아직 완전하게 달라진 것은 아닙니다. 그러나 그의 인생에 변화의 문이 열리기 시작한 것은 분명합니다. 적어도 그는 그동안 자신이 감지하지 못했던 것, 하나님께서 함께하신다는 사실을 실패와 좌절의 깊은 밤중에 체험했습니다.

불안의 밤이 예배의 밤이 됩니다

한 사람이 변화되기까지는 시간이 걸리는 법입니다. 인생의 여정을 통해 하나님은 우리를 조금씩 빚어 가십니다. 이것이 하나님께서 야곱을 통해 보여 주신 또 하나의 은혜, 바로 '인생을 고치시는 은혜'입니다.

야곱은 '발뒤꿈치를 잡은 자'였습니다. 형 에서의 발목을 두 번씩이나 붙잡고 복을 가로챈 사람입니다. 하나님이 약속하신 장자의 축복권마저 가로챈 것은 마치 그 모든 약속의 성취가 하나님과 함께 시작되는 것이 아니라 자신에게서 시작될 수 있을 것처럼 여겼기 때문입니다. 이것이 하나님께서 그를 삼촌 라반이 있는 밧단아람으로 불러내 20년의 긴 훈련 과정을 통과하게 하신 이유입니다.[22]

하나님의 고치시는 은혜로 지금 야곱은 하나님 앞에 서 있습니다. 불안의 밤이 예배의 밤이 되었습니다. 적어도 자신의 미래를 자신의 손으로 결정할 수 없다는 것만큼은 분명하게 배우고 있었습니다. 하나님은 실패와 좌절의 깊은 밤에 찾아오셔서 야곱에게 삶을 변화시키는 꿈을 주셨습니다. 발뒤꿈치를 잡은 자, 남의 것을 빼앗는 자(a heel-grabber)를 하나님의 은혜를 붙드는 자(a grace-grabber)로 바꾸어 주셨습니다.[23]

하나님이 원하시는 야곱은?

남의 것을
빼앗는 사람
A heel-grabber

하나님의
은혜를
붙드는 사람
A grace-grabber

이처럼 우리 인생에 실패와 좌절이 유익이 될 때가 있습니다. 고난이 오면 무릎을 꿇게 되기 때문입니다. 눈물 흘리며 주님을 붙들게 되기 때문입니다. 우리의 시들어진 예배가, 잠자던 예배가 다시 살아나게 되는 것입니다. 야곱을 예배할 수 없는 중에 예배하게 하신 하나님이십니다. 도저히 나아갈 수 없는 그 상황 속에서도 예배하게 하셨습니다. 두려움과 죄책감으로 닫아 둔 방문을 열고 주님 앞에 나오게 하셨습니다. 그리고 나니 서글픔의 상징이었던 돌베개가 하나님을 예배하는 은혜의 자리로 바뀌었습니다.

야곱이 꿈속에서 본 하늘에 닿은 계단은 바벨탑처럼 사람이 세운 것이 아니라 하나님이 만드신 것입니다. 계단 꼭대기에는 하나님이 계셨고, 하늘의 복을 받을 사람에게 천사들을 내려보내셨습니다. "이 복은 내가 줄 것이다"라고 말씀하셨습니다. 하나님의 축복은 싸우고, 빼앗으며, 계획해서 얻는 것이 아니라 그분의 은혜로 주어지는 것임을 가르쳐 주신 것입니다.[24] 예배가 있는 곳에 다툼이 그칩니다. 나의 불안이 멈추고 하나님의 평강이 임하게 됩니다. 우리 삶에서도 인생을 힘들게 하는 문제들이 오히려 하나님을 높이는 예배의 제단으로 바뀌게 되길 기원합니다.

야곱이 서원하여 이르되 하나님이 나와 함께 계셔서 내가 가는 이 길에서 나를 지키시고 먹을 떡과 입을 옷을 주시어 내가 평안히 아버지 집으로 돌아가게 하시오면 여호와께서 나의 하나님이 되실 것이요 내가 기둥으로 세운 이 돌이 하나님의 집이 될 것이요 하나님께서 내게 주신 모든 것에서

십분의 일을 내가 반드시 하나님께 드리겠나이다 하였더라 창 28:20-22

예배를 드린 야곱은 이제 하나님과 대화를 나눕니다. 그의 인생에서 기도가 회복된 것입니다. 그리고 하나님께서 자신에게 주신 모든 것에서 10분의 1을 하나님께 드리겠다고 고백합니다. 야곱의 이름이 무엇입니까? 빼앗는 자입니다. 그런데 그의 입에서 드리겠다는 말이 처음 나옵니다.

지금까지 말씀을 읽으면서 야곱이 주어일 때 순수하게 '주다(give)'라는 동사는 없었습니다. 그는 '빼앗다' 혹은 '취하다(take)'라는 단어가 더 익숙한 사람입니다. 야곱은 누구에게 공짜로 주는 법이 없었습니다. 배고프고 지친 에서에게 팥죽을 줄 때도 그냥 주지 않았고 장자권을 받았습니다. 그런 야곱이 이제 '주다, 드리다'라는 단어를 가지고 살아가려고 합니다. 물론 "나를 안전하게 집으로 돌아가게 해 주신다면 십일조를 드리겠습니다" 하고 조건을 달아 서원하지만, 그의 삶에 변화의 조짐이 보이기 시작했습니다. 하나님은 야곱의 서원을 비판하지 않으셨습니다. 유대인 주석가들도 대부분 비판하지 않습니다. 그 이유는 야곱이 하나님의 약속을 참으로 들었다고 여겼기 때문입니다.[25] 우리는 부족해도 하나님의 은혜는 완전합니다.

그에게도 믿음은 있었습니다. 하지만 지금까지는 그 믿음이 역사하지 않았을 뿐입니다. 그런데 그 실패와 좌절의 밤에 하나님께서 야곱의 예배를 회복시켜 주시면서 그의 믿음을 깨워 주셨습니다. 이것이 바로 은혜의 힘입니다. 세상에는 주는 것을 잘 못하는 사람이 있습니다. 아까워서 못 줍니다. 주는 훈련이 안 되어 있어서 그렇습니다. '내가 어떻게 번 것인데 남에게 주나' 하는 생각 때문에 못 줍니다. 그런데 은혜가 임하면 하나님이 주신 것이라고 믿기 때문에 줄 수 있습니다. 이렇게 은혜는 사람을 변화시킵니다. 빼앗던 사람이 주는 사람으로 바뀝니다. 이것이 사람의 힘으로는 감당 못할 은혜의 힘 아니겠습니까?

하나님은 계속해서 우리를 새롭게 만드시고 하나하나 고쳐 가십니다. 그것이 우리를 자라게 하고 성숙하게 만들어 갈 것입니다. 물론 야곱은 벧엘에서 깨닫기 시작했지만 남의 것을 빼앗으려는 자신의 습관을 깨뜨리는 것이 얼마나 어려운지를 알고 있습니다.[26] 하지만 야곱의 고집보다 하나님의 은혜가 크기에 시간이 걸릴지라도 하나님의 손안에서 그는 새로워져 갈 것입니다. 따라서 하나님이 붙들고 계신 야곱의 길은 불안해 보이지만 순례의 길인 셈입니다. 밴쿠버의 리젠트칼리지(Regent College)에서 생활영성을 강의했던 폴 스티븐스(Paul Stevens)는 야곱을 일컬어 '본질상 순례자'라고 표현하며 창세기 28장의 이 장면을 '잠자는 순례자'라고 명명합니다.[27]

하나님의 기준에서 한 사람의 변화나 수많은 교회가 세워지는 일은 같은 것입니다. 왜냐하면 한 사람의 변화 속에서 하나님의 꿈이 잉태되기 때문입니다. 오늘 은혜를 입은 작은 변화가 바로 땅끝까지 복음을 전할 수 있는 선교의 시작입니다. 나의 변화가 하나님 나라를 위해 헌신하는 것과 동일한 사건일 수 있습니다. 그러니 나를 고쳐 달라고, 새로워지는 은혜를 달라고 구하기 바랍니다. "내 언어를 고쳐 주십시오", "내 성품을 고쳐 주십시오", "내가 미워하는 사람을 더 이상 미워하지 않도록 나를 바꿔 주십시오" 하고 기도하십시오. 이 은혜를 입는 것은 바울의 선교 사역만큼이나 하나님이 기뻐하실 일입니다.

창세기 28장에 나오는 야곱을 보며 다시금 돌아봅니다. 우리 인생은 죄송한 은혜로 덮여 있습니다. 그것은 감사하며 살라고 하신 하나님의 은혜입니다. 지금 실패하고 넘어졌습니까? 주님의 이름을 부르지 못할 만큼 숨어 있고 싶습니까? 오늘 주님이 당신에게 찾아오실 것입니다. 그리고 말씀하실 것입니다.

"네가 어디로 가든지 내가 너와 함께하리라."

내게는 이런 말씀을 들을 자격이 없지만 이런 나를 구원하고 회복하시기 위해 이 땅에 오신 주님이심을 믿기에 다시 한 걸음 나아갈 수 있습니다.

이 음성을 들었다면 이제 당신의 믿음이 다시 깨어나길 바랍니다. 잠에서 깨어나 실패 속에서도 하나님을 예배하기 바랍니다. 당신의 무너진 예배가 그 자리에서 다시 회복되길 바랍니다. 그리하여 당신의 삶이 다시 주님 때문에 새로워지길 바랍니다.

어떻게 하면 평범한 장소와 시간이 하나님으로 넘칠 수 있을까요? 그것은 좌절의 밤에 하나님을 만났던 야곱처럼, 죄인인 내가 어떻게 이처럼 크고 위대하신 하나님을 가까이 할 수 있는가를 깨닫는 자리에 서는 것입니다.[28] 예배의 은총은 하나님의 음성에 민감해지는 것입니다. 하나님이 함께하심을 보는 것입니다. 우리 인생이 예배를 통하여 주님의 은혜로 가득하게 되길 진심으로 축원합니다.

(4장) 나의 실패를 기다리시는 하나님

우리 삶은 늘 무언가로 가득 차 있습니다.

훈련이란 통제가 아니라 하나님이 활동하실 수 있는 공간을 내어 드리는

노력을 뜻합니다.

훈련이란 자신의 삶이 다른 것들로 가득 차지 못하도록 하는 일입니다.

내가 계획했거나 의지하고 있는 일이 아닌

뭔가 새로운 일이 벌어질 수 있는 공간을 내는 것입니다.[29]

야곱은 지금 훈련 중입니다.

한국 사람들은 어떤 면에서 보면 성경적입니다. 왜냐하면 유독 처음 보는 사람에게 나이가 어떻게 되는지를 물어보기 때문입니다. 만약 이 질문이 서열을 정하는 기준이 아니라 우리가 어디쯤서 있는지를 생각하게 하는 질문으로 사용된다면 그것은 의미가 있습니다. 왜냐하면 자신의 인생이 지금 어느 계절에 서 있는지를 알면 지금 무엇을 해야 할 때인지, 앞으로 어떻게 살아야 할지를 조금은 알 수 있기 때문입니다. 모든 일에는 때와 기한이 있습니다. 그리고 하나님은 그 때를 따라 모든 것을 아름답게 하신다고 전도서 기자는 말하고 있습니다(전 3:11 참조).

야곱의 인생을 이해하기 위해서는 지금 그가 긴 인생 여정에서 어느 시점에 있는지를 살펴볼 필요가 있습니다. 그가 외삼촌의 집 밧단아람으로 가던 때는 아직 젊은 날입니다. 지금까지 야곱은 하나님과 상관없이 마치 자신의 미래를 스스로 결정할 수 있는 것처럼 살아왔습니다. 벧엘의 단을 쌓기보다는 자신의 바벨탑을 세워 가는 듯 보였습니다. 이런 걸음의 결과 창세기 29-30장에서 그의 인생에 고통이 들이닥칩니다.[30] 야곱은 그곳에서 생각지도 못했던 일들을 겪으며, 결혼도 하고 아이도 낳으면서 20년의 세월을 지내야 했습니다. 결코 짧지 않은 날들을 고단하게 보내야 하는 시점을 맞이하게 된 것입니다.

이 여정 속에서 우리는 야곱을 향한 하나님의 기다리심을 만나게 될 것입니다. 우리는 무언가를 기다리는 것이 참 어렵습니다. 식당에 가서 밥을 시켜도 얼마 안 지나서 왜 안 나오나 궁금해 하고 빨리 달라고 재촉하기도 합니다. 누가 약속 시간에 조금만 늦어도 마음이 편치 않습니다. 그런데 우리 하나님은 야곱 인생 20년을 어떻게 기다리셨을까요? 그리고 그 하나님의 기다리심이 빚어 가는 야곱의 인생은 어떤 모습일까요?

하나님이 주어가 되면 인생이 달라집니다

먼저 야곱의 인생을 두 가지 관점에서 설명하고자 합니다. 먼저 야곱을 주어로 놓고 그의 인생을 생각해 보겠습니다. 야곱은 쌍둥이로 잉태되어 형의 발뒤꿈치를 붙잡고 태어납니다. 그는 형의 장자권을 팥죽 한 그릇으로 거래하는 비즈니스맨 기질을 가졌습니다. 게다가 어머니와 함께 계략을 꾸며 장남에게 주어지는 축복권을 가로챕니다. 그로 인해 야곱은 분노한 형을 피해 달아나는 도망자의 인생을 살게 되지요. 그러나 죄인으로 걸어가던 그 길목에서 놀랍게도 하나님을 만나게 됩니다. 그때 야곱은 처음으로 하나님의 은혜가 자신의 인생에 부어질 수 있다는 것을 깨닫습니다. 잠에서 깬 그는 벧엘에서 단을 쌓고 예배를 드립니다. 하지만 아직 야곱의 중심이 완전히 바뀐 것은 아닙니다. 그리고 그는 외삼촌 집으로 들어갑니다. 여기에서 그는 결혼하고 자녀도 낳으며, 20년 동안 속고 속이는 파란만장한 인생을 살아갑니다. 이것이 야곱이 주어가 되는 삶입니다.

이번에는 하나님을 주어로 해서 이야기해 보겠습니다. 하나님은 야곱을 한 가정의 둘째 아들로 태어나게 하셨습니다. 하나님은 야곱을 향한 축복의 계획을 가지고 계셨습니다. 그것을 야곱이 몰랐을 뿐입니다. 하나님은 야곱이 형의 축복을 가로채는 것을 원하지 않으셨습니다. 속여서 빼앗는 것을 기뻐하지 않으셨던 것입니다. 그래서 하나님은 야곱에게 몇 차례나 경고하셨지만 그 음성이 죄에 빠진 야곱에게 가 닿지 못했습니다. 결국 하나님은 도망치고 있는 야곱에게 나타나셨습니다. 외롭고 비참한 밤을 보내고 있는 야곱에게 나타나 꿈을 통해 위로해 주셨습니다. 축복받을 수 없는 상태의 야곱이었지만, 하나님은 놀랍도록 그를 축복하시며 기꺼이 그의 하나님이 되어 주겠다 약속하셨습니다. 그에게 이제는 자신의 머리나 힘이 아니라 하나님을 의지할 수 있는 기회를 주셨습니다. 그리고 하나님의 축복은 스스로 쟁취할 수 있는 것이 아니라 하나님이 부어 주셔야 한다는 것을 가르쳐 주셨습니다. 그렇게 잠자던 그의 믿음을 깨워 주셨습니다. 그러고는 외삼촌 집에서 결코 쉽지 않은 20년의 세월을 보내게 하셨습니다. 그것은 야곱을 사랑하심으로 그를 변화시키고자 하셨던 하나님의 훈련의 시간이었습니다. 이것이 하나님이 주어가 되는 삶입니다.

우리도 마찬가지입니다. 똑같은 인생의 여정을 펼쳐 놓고 보았을 때, 내가 주어가 되면 억울하고 화가 날 일이 너무도 많습니다.

나에게 왜 이런 일이 일어났는지 이해되지 않을 때도 많습니다. 그러나 하나님이 주어가 되면 내 인생의 가장 어려운 시간의 의미가 달라집니다. 그 시간은 하나님이 나를 훈련하고 축복하시는 시간으로 바뀌는 것입니다. 우리는 이 사실을 깨달아야 합니다. 헨리 나우웬(Henri Nouwen)은 훈련에 대하여 "자기 삶이 다른 것들로 가득 차지 못하게 막음으로, 내가 계획했거나 의지하고 있는 일이 아닌 뭔가 새로운 일이 벌어질 수 있는 공간을 내는 것"이라고 해석합니다.[31]

하나님은 도망가던 야곱에게 나타나셔서 한 가지를 가르쳐 주기 원하셨습니다. 그것은 '은혜'였습니다. 은혜는 하나님이 값없이 베푸시는 선물입니다. 우리가 무언가를 잘해서 상처럼 베풀어 주시는 것이 아니라 허물 많은 죄인을 용서하고 구원하시는 사랑입니다. 하나님은 우리가 죄인임에도 불구하고 우리를 회복시키시고, 다시 일어서서 믿음의 경주를 이어갈 수 있도록 도우십니다. 로마서의 말씀처럼 우리가 아직 죄인되었을 때에, 즉 영적으로 형편없던 그때에 그리스도께서 우리를 위하여 죽으심으로 하나님이 우리를 얼마만큼 사랑하시는지를 보여 주셨습니다(롬 5:8 참조). 이것이 은혜입니다. 지금 하나님께서는 야곱에게 이 은혜로 살 수 있는 기회를 주고 싶어 하십니다. 앞으로 펼쳐질 갈등과 고난을 통해서라도 은혜를 아는 자로 돌아오게 하시려는 것입니다.

하나님이 우리에게 은혜를 베푸실 때는 목적이 있습니다. 그것은 우리가 이전과는 다른 삶을 살기를 바라시는 것입니다. 하지만

하나님이 주어가 되면

내 인생의

가장 어려운 시간의 의미가

달라집니다.

하나님이 나를 훈련하고

축복하시는 시간으로

바뀝니다.

지금까지의 야곱은 자신의 뜻과 방식으로 살아가는 습관이 온몸에 너무도 강하게 배어 있었습니다. 은혜를 받았다 해도 사람이란 자신이 살아온 삶의 방식을 단번에 고치기가 쉽지 않습니다. 그가 변하기 위해서는 훈련의 시간이 필요했습니다. 그래서 어쩌면 하나님이 그를 외삼촌의 집에서 살게 하셨는지도 모릅니다. 외삼촌 라반은 속임수에 능한 야곱보다 더 야곱 같은 사람이기 때문입니다. 하나님은 아브라함과 이삭의 언약을 계승할 야곱을 고치시기 위해서 20년이라는 시간을 기다리고 기다리신 것입니다.

믿음으로 걷기를 기다리십니다

야곱은 벧엘을 지나 외삼촌이 사는 마을에 도착합니다. 거기서 양 떼를 치는 사람들을 만납니다. 그들에게 라반을 아는지 물어봤습니다. 그랬더니 곧 라반의 딸이 양을 데리고 온다는 것입니다. 얼마 지나지 않아 야곱은 라헬을 만났습니다. 그녀를 보자 야곱은 소리 내어 울면서 자신이 누군지를 밝힙니다. 라헬은 당장 아버지 라반에게 달려가 야곱의 소식을 알렸고, 드디어 외삼촌을 만난 야곱은 그간에 있었던 자신의 모든 사정을 털어놓습니다. 그의 이야기를 들은 라반은 누이의 아들 야곱을 자신의 집으로 맞이해 줍니다.

이 가정에는 두 딸이 있었습니다. 큰딸 레아와 둘째 딸 라헬입니다. 이제 여기서 다시 드라마 같은 복잡한 삼각관계가 펼쳐집니다. 야곱은 둘 중에서 동생 라헬을 좋아했습니다. 그런데 창세기

29장 21-30절을 보면, 그 라헬을 아내로 얻기까지 참으로 힘든 여정이 이어집니다. 먼저 야곱은 외삼촌 라반에게 둘째 딸 라헬을 자신에게 주면 그 집에서 7년을 무보수로 섬기겠다고 제안합니다. 계산 빠른 라반은 딸을 다른 사람에게 주는 것보다 나으니 그리하겠다고 약속합니다. 그날 이후로 야곱은 사랑하는 여인을 얻기 위해 7년을 수고롭게 일합니다. 그는 어떤 목적을 정하면 그것을 성취하기까지 자신이 계획한 것에 사로잡히는 사람입니다. 만일 라헬과 결혼하게 된다면 야곱은 하나님의 약속을 이룰 수 있으리라 확신했습니다. 이것이 야곱이 만든 최선의 계획이었지만 하나님께는 다른 계획이 있으셨습니다.[32]

라헬을 아내로 맞이한다는 사실이 얼마나 좋았으면 성경은 야곱이 7년의 세월을 단 며칠처럼 여겼다고 말합니다. 사랑하는 사람에 대한 마음은 이런 것 같습니다. 매일 봐도 또 보고 싶고, 그와 함께 하는 하루가 왜 이리 짧은지 시간이 금방 지나갑니다. 그런데 미워하는 사람과 사는 것은 하루가 1년 같고, 10년같이 느껴질 수 있습니다. 당신의 가정에는 부디 야곱의 마음처럼, 사랑하기 때문에 1년을 하루처럼 여기며 살게 되는 복이 있기를 바랍니다.

어느새 7년이 지났습니다. 드디어 야곱이 기다리고 기다리던 결혼식 날이 왔습니다. 동네 사람들을 다 불러 모아 잔치를 벌였고, 야곱은 신혼 첫날밤을 보냅니다. 그런데 이게 웬일입니까? 깜짝 놀랄 일이 벌어졌습니다. 아침에 일어나 눈을 떠 보니 야곱의 옆에 누운 여자가 라헬이 아니라 레아였던 것입니다. 어제 야곱과 하룻

밤을 보낸 여인이 라헬이 아니라 그녀의 언니 레아였던 것입니다. 야곱 입장에서는 이 상황이 참으로 어이없고 기가 찰 노릇입니다.

> 야곱이 아침에 보니 레아라 라반에게 이르되 외삼촌이 어찌하여 내게 이 같이 행하셨나이까 내가 라헬을 위하여 외삼촌을 섬기지 아니하였나이까 외삼촌이 나를 속이심은 어찌됨이니이까 창 29:25

지금 야곱의 분노는 당연합니다. 자신이 라헬을 얻기 위해 무려 7년을 일했는데, 이제 와서 외삼촌이 자신을 속이다니 아무리 생각해도 이럴 수는 없는 일입니다. 어떻게 이런 일이 일어났을까요?

저는 이쯤에서 그날 밤 상황을 한번 상상해 보았습니다. 야곱은 첫날밤에 얼굴을 가리고 있는 신부를 맞이합니다. 당연히 그는 신부가 라헬이라 여기며 아무 의심 없이 신혼방으로 들어갔을 것입니다. 7년을 기다린 신부를 맞게 되었으니 굉장히 설렜을 것입니다. 그런데 외삼촌 라반은 라헬이 아니라 큰 딸 레아를 신혼방으로 들여보냅니다. 그러면서 레아에게 혹시 야곱이 네가 누구냐고 물어보면 라헬이라 거짓으로 대답하라고 신신당부했을지 모릅니다. 마침내 신혼방에 불이 꺼집니다. 야곱은 캄캄한 방에서 면사포를 쓰고 있는 여인을 알아보지 못했습니다. 혹시나 싶어 "당신이 정말 내가 사랑하는 라헬인가?" 하고 물었을지도 모릅니다. 그때 레아가 대답했을 것입니다.

"네, 제가 바로 그 라헬입니다."

어디선가 본 장면 같지 않습니까? 그렇습니다. 지난날 야곱이 했던 것과 똑같은 일을 라반과 레아가 벌이고 있는 것입니다. 7년 전 야곱은 형 대신 아버지 이삭 앞에 나아갔습니다. "너는 누구냐?"고 묻는 아버지의 질문에 "제가 바로 맏아들 에서입니다" 하고 거짓으로 대답한 적이 있습니다. 그러고는 형이 가져야 할 축복을 자신이 가로챘습니다. 그런데 이번에는 레아가 그 일을 합니다. 라헬인 척 야곱 앞으로 나아가 "제가 라헬입니다" 하고 거짓말함으로 신랑을 가로챕니다. 이 모든 계략을 꾸민 자가 라반입니다. 야곱보다 속임수에 능한 사람이 바로 여기에 있었습니다. 우리는 이것을 가리켜 "뛰는 놈 위에 나는 놈 있다"고 말합니다.

이 내용에 대해서 폴 스티븐스는 "외삼촌이 나를 속이심은 어찌됨이니이까"(창 29:25)라는 대목을 야곱의 입장에서 한번 읽어 보라고 합니다. "외삼촌, 왜 야곱처럼 행동하십니까?"라고 말입니다.[33] 어쩌면 그는 외삼촌을 보면서 마치 자신을 보는 것 같았을 것입니다. 과거에 자신이 했던 행동을 거울처럼 마주하며 후회와 죄책감을 느꼈을 것입니다. 그리고 자신에게 당했던 형 에서의 마음을 조금은 이해해 보는 내면의 작은 동요가 일어났을지도 모릅니다.

이런 소동에 대해 라반은 궁색한 변명을 합니다. 이 지방에서는 언니보다 동생을 먼저 주는 법이 없기 때문에 어쩔 수 없었다는 것입니다. 그러면서 다시 한 번 머리를 씁니다. 지금부터 7년을 더 일하면 일주일 후에 네가 원하는 라헬을 주겠다고 제안합니다. 주는 것은 일주일 후에 줄 테니 일은 7년 동안 더 하라는 것입니다. 야곱을 속이고 일을 더 시키는 라반도 분명 보통 사람은 아닙니다.

억울하고 화나지만 야곱은 자신이 사랑하는 라헬을 얻기 위해 이 제안을 받아들입니다. 결국 라헬을 얻기 위해 그는 몇 년을 투자 했습니까? 자그마치 14년입니다. 한 여자를 얻기 위해 14년을 일한 야곱을 보면서 사람들은 인내심이 많다고 생각할지도 모르겠습니다. 그런데 저는 야곱을 보면서 인내심보다는 오히려 집요하다는 표현이 떠오릅니다. 어쩌면 라반도 이런 야곱의 성정을 알고 있었을 것입니다. 그랬기 때문에 그가 원하는 것을 얻기 위해서는 무엇이든 할 것이라 예상하고, 이런 무리한 요구를 했던 것은 아닐까요?

저는 야곱의 인생이 도무지 평안해 보이지 않습니다. 그는 아직 자기 인생을 전적으로 하나님께 의지하고 있지 않습니다. 야곱은 왜 이렇게 사는 걸까요? 하나님께서는 이미 그에게 "네가 어디로 가든지 너와 함께하겠다"고 말씀해 주셨습니다. 그 은혜를 따라 믿음으로 살 수 있는 기회를 주셨습니다. 그런데 야곱에게는 아직 그 말씀에 대한 믿음이 보이지 않습니다. 야곱은 아직까지도 자신의 복을 자기 계획과 힘으로 쟁취하려는 것처럼 보입니다. 자기가 가야 할 길을 자기가 결정하고 있는 것처럼 보입니다. 그것은 미래에 대한 두려움이 아직 그 삶의 밑바닥에 깔려 있기 때문입니다.

이런 야곱을 지켜보며 하나님은 그가 믿음으로 걷기를 기다리고 계십니다. 악인의 꾀, 죄인의 길이 아니라 말씀을 따라 걷는 믿음의 걸음을 기다리십니다. 믿음이 무엇입니까? 내 인생을 전적으로 하나님께 맡기는 것입니다. 자기 삶에 최선을 다하지 말라는 말이 아닙니다. 믿음은 올바른 방식으로 나의 최선을 다한 후에 그 결과를 주님께 맡기는 것입니다. 하나님이 주시는 결과를 기다리는 것, 그것이 믿음입니다. 결과를 내가 주관하려고 하는 것은 조급함이고 불신앙입니다. 그래서 하나님은 야곱이 믿음으로 반응하도록 이곳에서 계속 훈련시키시는 중입니다. 왜냐하면 이제 야곱이 계산적인 걸음을 멈추고 믿음의 걸음을 걷길 원하시기 때문입니다. 과연 우리 삶은 어떻습니까? 하나님이 주시는 결과를 믿음으로 받아들이는 자리에 서 있습니까? 아니면 축복을 얻기 위해 내 의지대로 시작하고 내가 결론을 내리면서 살고 있습니까? 빨리 깨달아야 합니다. 그렇지 않으면 훈련 시간만 늘어날 뿐입니다.

이스라엘의 지도자였던 모세를 보십시오. 모세의 부모는 애굽 왕으로부터 어린 모세를 더 이상 지킬 수 없게 되었을 때 갈대 상자에 담아서 나일 강에 띄웁니다. 상자에 물이 들어가지 않도록 최선을 다하지만 결과는 하나님께 있습니다. 그 상자가 어디로 흘러갈지, 가는 동안 어떤 일들을 겪을지 그것은 하나님께 달려 있습니다. 하나님의 뜻에 따라 목숨을 건진 모세는 애굽 왕궁에서 자랍니다. 그리고 미디안 광야에서 40년간 양을 치며 목동 생활을 하다가 80세가 되어 하나님의 부르심을 받습니다. 성경에 나오는 인물 중에 가장 많이 걸었던 사람이 아마도 신약에서는 바울이요, 구약에서는 모세일 것입니다. 그는 40년 동안 이스라엘 백성을 이끌고 가나안을 향하여 험난한 광야 길을 걸어갑니다. 그리고 이제 곧 고지가 눈앞입니다. 모압 평지에서 가나안을 바라보며 모세는 하나님께 한 가지 청을 합니다. 자신도 요단을 건너 가나안 땅에 들어가게 해 달라는 것이었습니다. 그러나 하나님의 대답은 무엇이었습니까? 단호하게 "안 된다"고 하십니다. 다시는 이 일에 대해서 언급하지도 말라고 하십니다. 그러면서 그저 눈으로만 그곳을 바라보게 하시고, 모세 대신 여호수아가 들어갈 것이라고 말씀하십니다. 이것이 신명기 3장의 이야기입니다. 모세 입장에서 보면 얼마나 냉정한 말씀입니까? 온갖 고생하며 가나안 앞까지 왔는데, 여기까지 이스라엘 백성을 이끌어 온 모세에게 하나님께서 "너는 그 땅에 들어갈 수 없다"고 말씀하시는 것입니다. 하나님은 모세를 그렇게 고생시키시고도 매우 당당하십니다. 여기에는 이유가 있었겠지요.

그런데 모세는 그 말씀에 순종합니다. 그가 120세가 되었을 때 하나님은 그의 인생을 마무리하시기 위해 느보산 비스가 꼭대기로 그를 부르십니다. 이에 모세는 자신이 원하는 걸음을 멈추고 하나님이 부르신 그 산에 오릅니다. 하나님은 이곳에 모세 홀로 가도록 하셨습니다. 그래서 출애굽의 영웅이었던 모세의 무덤을 아는 자가 아무도 없습니다.

만약 모세가 끝까지 가나안 땅에 들어가려고 노력해서 마침내 여리고성을 점령했다면 어땠을까요? 그는 두고두고 많은 사람의 인정과 박수를 받았을 것입니다. 그러나 모세는 그 영광 대신 기꺼이 순종의 길을 걸어갔습니다. 그리고 마침내 최선을 다해 믿음으로 걸어온 40년 인생을 마무리하는 시간이 왔습니다. 성경에는 자세히 기록되어 있지 않지만, 그는 마지막 순간 혼자서 임종을 맞이합니다. 저는 이 순간 하나님과 모세의 모습을 상상해 봤습니다. 하나님은 홀로 느보산으로 걸어가는 모세에게 힘껏 박수를 쳐 주셨을 것입니다.

"잘했다. 모세야, 그동안 정말 수고 많았어!"

하나님은 모세가 출애굽 여정의 마침표를 찍는 사람이 아니라 그 사명을 감당하며 지나간 쉼표의 사람으로 남기를 원하셨습니다. 그 일의 마침표는 하나님이 찍고 완성하실 것이기 때문입니다. 하나님은 모세의 인생을 그의 영광으로 마무리하지 않으시고 하나님의 영광으로 마무리하기 원하셨습니다. 이것이 모세가 가나안에 들어가는 것을 허락하지 않으신 이유가 아니었을까요?

신앙인의 삶은 하나님의 영광으로 끝나야 합니다. 그것이면 족합니다. 아마 모세도 그것이면 충분하다고 여기지 않았을까요? 하나님의 박수를 받는 삶이야말로 신앙인에게는 최고의 축복이고 감격 아니겠습니까? 이것이 믿음의 걸음입니다. 그 걸음을 옮기다 보면 때로는 사람들이 알아주지 않는 좁은 길을 걸어야 할 때도 있습니다. 오직 말씀만 따라 걸어야 할 때도 있습니다. 그러나 신앙인의 삶은 그것이면 족합니다. 우리 삶의 여정에서도 이 믿음의 걸음이 있기를 기도합니다.

믿음이 없으면 내가 결정하게 됩니다. 하나님이 행하실 일을 바라보지 못하기 때문입니다. 하나님은 야곱에게도 이 믿음의 걸음을 기다리셨습니다. 자신을 믿는 것이 아니라 하나님을 믿고, 바라보기를 원하셨습니다. 야곱을 보며 우리의 걸음을 한번 돌아봤으면 합니다. 지금 우리는 무엇을 구하며 어떤 길을 걷고 있습니까? 나의 욕심과 계획만을 따라 걷던 길이 이제는 믿음의 걸음으로 바뀌는 은혜가 있기를 소망합니다.

멈추어서 기도하기를 기다리십니다

우리가 결혼할 때는 사랑하는 사람과 하는 것이 맞습니다. 하지만 가정을 꾸리는 과정에서 생각해 봐야 할 것이 있습니다.

> 레아는 시력이 약하고 라헬은 곱고 아리따우니 창 29:17

이 표현에서 알 수 있듯이 야곱이 라헬을 선택한 조건은 외적인 아름다움이었습니다. 즉 외모를 본 것입니다. 저는 야곱이 라헬을 좋아했다는 것 자체를 비난할 생각은 없습니다. 오히려 마음에도 없는 사람과 결혼하는 것이 문제입니다. 다만 결혼에 있어서 외적인 부분에만 관심을 두다 보면 중요한 것을 놓치게 됩니다.

야곱이 라헬을 아내로 맞이하고 싶은 마음이 들었다면 적어도 결혼 전에 한 가지는 해야 했습니다. 그의 아버지 이삭이 아내를 얻는 과정과 한번 비교해 보겠습니다. 이삭의 아버지 아브라함은 며느릿감을 구하기 위해 자신과 평생을 함께해 온 신실한 종 엘리에셀을 고향에 보냅니다. 이삭과 약속의 말씀을 따라 살아갈 믿음의 여자를 찾으러 그곳까지 가게 한 것입니다. 종은 거기에서 외모가 아름다운 여자를 먼저 구하지 않았습니다. 그는 이렇게 기도합니다.

> 그가 이르되 우리 주인 아브라함의 하나님 여호와여 원하건대 오늘 나에게 순조롭게 만나게 하사 내 주인 아브라함에게 은혜를 베푸시옵소서 창 24:12

종은 마을에 도착해서 제일 먼저 멈추어 기도했습니다. 이 일이 순조롭게 이루어지게 해 달라고, 이제 사람들이 물을 길러 올 텐데 내가 물을 달라고 했을 때 나에게 물을 줄 뿐만 아니라 내 낙타에게도 자원하는 마음으로 물을 먹여 주는 여인이 있다면 그녀가 하나님이 주신 주인의 며느릿감인 줄 알겠다고 기도했습니다. 하나님은 우리가 이렇게 멈추기를 기다리십니다. 하나님이 존재하지 않는 우리 생각과 계획을 멈추고 하나님의 뜻을 구하기를 기다리십니다. 놀랍게도 아브라함의 종이 기도한 그때 리브가가 나타납니다. 리브가는 종과 종이 데려온 낙타에게도 기꺼이 물을 줍니다. 기도한 대로 응답해 주신 것입니다. 그런데 그 순간에도 아브라함의 종은 신중합니다.

> 그 사람이 그를 묵묵히 주목하며 여호와께서 과연 평탄한 길을 주신 여부를 알고자 하더니 창 24:21

하나님이 우리에게

기대하며 기다리시는 것은

바로 '기도의 걸음'입니다.

종은 자기가 기도한 대로 응답되었는데도 바로 그 여인을 붙잡지 않습니다. 이 사람이 정말 하나님께서 보내신 며느릿감인지를 다시 한 번 확인합니다. 이 여인이 정말 하나님의 응답인지 점검하고 또 점검합니다. 왜 그렇습니까? 혹시라도 위장된 응답일까 봐, 이 여인이 자신이 선물로 가져온 낙타를 보고 물질 때문에 과잉 친절을 베푸는 것일까 봐 '묵묵히, 주목하며' 살펴보는 것입니다. 그는 마지막으로 이 여인이 아브라함의 동생 브두엘의 딸인 것을 알게 되면서 하나님의 응답임을 확신합니다. 가나안 족속이 아닌 자신의 족속인 딸들 중에서 택해 오라 했던 주인의 명이 이루어진 것을 보고 그제야 인도하신 하나님을 찬양합니다.

그런데 야곱은 아내를 얻는 과정이 어떠했습니까? 아름다운 라헬을 보고 너무나 마음에 들었던 나머지 자신의 생각을 멈추지도, 하나님께 물어보지도 않았습니다. 오직 라헬을 얻고자 하는 목표만을 위해 쉬지 않고 달렸습니다. 그의 인생에서 기도 없는 14년입니다. 벧엘에서 자신을 찾아와 주신 하나님을 기억하며 엎드렸으면 좋았을 텐데, 그는 다시 자신의 습관으로 돌아갔습니다.

하나님이 야곱에게 기대하며 기다리신 것은 바로 '기도의 걸음'입니다. 하나님은 야곱이 멈춰서 자신의 생각을 내려놓고 하나님이 원하시는 것이 무엇인지 묻기를 바라셨습니다. 저는 이것을 '기도의 걸음'이라고 부르고 싶습니다. 기도의 걸음이 있는 사람은 가다가도 멈춥니다. 이것이 주님께서 허락하신 길인가 확인하기를 원하기 때문입니다. 라헬과의 결혼이 나쁘다고 말하려는 것이 아닙니다. 누구를 선택하든 멈춰 서서 하나님께 여쭈었어야 한다는 것입니다. 그런 신앙인의 걸음을 가지고 야곱이 살아가기를 주님은 기다리셨습니다.

그동안 기도 없이 달려오지는 않았습니까? 혹시 지금도 내 생각대로 계속 달려가고 있지는 않습니까? 인생에서 중요한 결정일수록 멈추어 서서 기도하고 움직이기를 바랍니다. 하루에도 몇 번씩, 내 생각을 내려놓고 주님이 원하시는 것이 무엇인지 멈추어 묻는 기도의 걸음이 있기를 주님의 이름으로 기원합니다.

내 계획을 완전히 포기하길 기다리십니다

야곱은 결국 원하던 라헬을 얻었습니다. 그런데 예상치 못했던 문제가 발생합니다.

> 여호와께서 레아가 사랑 받지 못함을 보시고 그의 태를 여셨으나 라헬은 자녀가 없었더라 창 29:31

레아는 사랑받지 못하는 아내였습니다. 그런데 하나님께서 그녀의 태를 열어 자녀를 낳게 하십니다. 반대로 라헬은 남편에게 사랑받는 아내였지만 자녀가 없었습니다. 인생은 이런 것입니다. 다른 사람 부러워할 것 없습니다. 저 사람이 가진 것이 내게 없다 할지라도 그에게 없는 것이 나에게 있을 수 있습니다. 세상에 모든 것을 다 가진 사람은 없습니다. 누구나 부족한 부분이 있기 마련입니다.

하나님께서 우리 각자에게 주신 것이 다르며 각자의 부르심이 다르기 때문입니다. 그러니 하나님 앞에서 우리 사정은 다 같습니다. 누가 더 낫다 할 자가 없습니다. 오히려 부족한 것이 없으면 우리는 주님을 찾지 않습니다. 부족함은 우리가 주님을 의지하는 통로가 되어 줍니다. 이것이 인생을 경영하시는 하나님의 방법입니다.

성경은 레아와 라헬의 이야기를 통해서 자녀를 얻는 것과 얻지 못하는 것까지도 하나님이 주관하신다고 말합니다. 야곱의 입장에서 보면 인생이 제 마음대로 풀리지 않습니다. 사랑하는 라헬을 얻으려고 14년을 보냈는데 그녀에게 자식이 없습니다. 하나님이 주시지 않습니다. 그런데 야곱은 아직도 하나님의 의도를 눈치 채지 못하는 것 같습니다. 하나님이 무엇을 기다리시는지 모르는 것 같습니다.

> 레아가 임신하여 아들을 낳고 그 이름을 르우벤이라 하여 이르되 여호와께서 나의 괴로움을 돌보셨으니 이제는 내 남편이 나를 사랑하리로다 하였더라 그가 다시 임신하여 아들을 낳고 이르되 여호와께서 내가 사랑 받지 못함을 들으셨으므로 내게 이 아들도 주셨도다 하고 그의 이름을 시므온이라 하였으며 그가 또 임신하여 아들을 낳고 이르되 내가 그에게 세 아들을 낳았으니 내 남편이 지금부터 나와 연합하리로다 하고 그의 이름을 레위라 하였으며 그가 또 임신하여 아들을 낳고 이르되 내가 이제는 여호와를 찬송하리로다 하고 이로 말미암아 그가 그의 이름을 유다라 하였고 그의 출산이 멈추었더라 창 29:32-35

레아는 그 사이에 아들 넷을 낳습니다. 맏아들 르우벤과 시므온, 레위, 유다입니다. 특별히 그녀에게서 유다가 나옵니다. 이것은 큰 의미가 있습니다. 열두 아들 중 유다 지파의 계보를 통해서 훗날 누가 오십니까? 바로 약속의 구원자인 예수 그리스도가 오십니다. 하나님은 놀랍게도 아브라함에게 주신 언약의 계보에 이삭의 장자인 에서 대신 야곱을 예정하셨고, 그 계보를 잇는 유다를 낳을 때 야곱이 사랑한 둘째 라헬이 아니라 사랑받지 못한 레아를 선택하십니다. 이런 관점으로 보면 야곱은 하나님이 선택하신 딸을 몰라보고 무시했던 것이지요.[34] 하나님의 섭리를 헤아리지 못한 결과였습니다.

여기서 잠깐, 야곱이 열두 명의 아들을 얻는 과정을 살펴보겠습니다.

야곱의 열두 아들

레아 Leah	실바(여종) Zilpah	라헬 Rachel	빌하(여종) Bilhah
1) 르우벤 Reuben 2) 시므온 Simeon 3) 레위 Levi 4) 유다 Judah			5) 단 Dan 6) 납달리 Naphtali
9) 잇사갈 Issachar 10) 스불론 Zebulun	7) 갓 Gad 8) 아셀 Asher	11) 요셉 Joseph 12) 베냐민 Benjamin	

먼저 언니 레아가 유다까지 네 명의 아이를 낳습니다. 아이를 낳지 못하는 라헬은 시기심에 불타서 자신의 몸종이던 빌하로 하

여금 대신 야곱의 아기를 낳게 합니다. 그렇게 태어난 아이가 다섯째 단과 여섯째 납달리입니다. 마치 아브라함과 사라 같습니다. 그들은 아들을 주시겠다고 하신 하나님의 약속을 기다리다가 소식이 없으니 사라 대신 몸종 하갈을 통해 오늘날 무슬림의 조상인 이스마엘을 낳습니다. 그런데 여기에 지지 않고 레아도 자신의 몸종 실바에게 아기를 낳게 합니다. 그래서 일곱째 갓과 여덟째 아셀이 태어납니다. 그 이후 레아는 임신에 도움이 된다고 알려진 합환채를 얻어 그걸 라헬에게 넘겨주면서 대신 자신이 야곱과 동침하게 해 달라고 거래합니다. 이로써 레아는 아홉째 잇사갈과 열째 스블론을 낳고 마지막으로 디나라는 딸까지 얻습니다. 이렇게 세 명의 여인에게서 열 번째 아들까지 태어난 이후에 하나님은 아이를 낳지 못한 라헬을 생각하십니다. 결국 그녀에게도 두 명의 자녀를 주십니다. 라헬의 큰아들이 그 유명한 요셉입니다. 그런데 안타깝게도 라헬은 젊은 나이에 막내아들 베냐민을 낳다가 죽습니다.

  아이를 얻는 과정이 그야말로 치열한 경쟁과도 같습니다. 그런데 이 속에서도 하나님은 남편의 사랑을 받지 못한 자에게 많은 자녀를 주심으로 그를 위로하십니다. 또한 남편의 사랑은 받았으나 평생 자녀를 갈망하며 살아온 자에게도 결국 두 명의 자녀를 허락해 주십니다. 인간은 서로 싸우고 시기 질투하지만, 그럼에도 그들의 눈물을 외면하지 않으시고 그 마음을 살펴 주시는 긍휼의 하나님을 발견합니다. 이것이 아버지의 마음입니다. 그리고 하나님은 라헬이 아닌 레아를 통해 예수님의 계보가 흘러가게 하심으로 야곱에게 그의 인생을 주관하시는 분은 하나님이시라는 것을 분명하게 말씀하고 계십니다.

이로써 야곱은 사랑하는 라헬에게서 요셉이라는 아들을 얻습니다. 그러고 나니 이제는 외삼촌 집을 떠나 자립하고 싶어졌습니다.

> 라헬이 요셉을 낳았을 때에 야곱이 라반에게 이르되 나를 보내어 내 고향 나의 땅으로 가게 하시되 창 30:25

야곱은 외삼촌에게 자기 가족과 함께 이 집을 떠날 수 있게 허락해 달라고 말합니다. 그런데 라반은 그를 호락호락 보낼 마음이 없습니다. "너에게 여호와께서 복 주시는 것을 알았으니 그냥 여기에 있어라" 하고 말합니다. "임금도 네가 받고 싶은 만큼 줄 테니 정해라" 하면서 야곱을 붙듭니다. 이 집에 오기까지도 쉽지 않았으나 떠나는 것조차 야곱에게는 쉽지 않아 보입니다. 야곱은 자신이 지금까지 이 집에서 어떻게 헌신하고 외삼촌을 섬겼는지 설명합니다. 무엇보다 자신이 온 이후로 외삼촌의 재산도 많아졌고, 자신도 할 만큼 했으니 이제는 가족과 편히 살고 싶다는 뜻을 거듭 전합니다. 그래도 라반은 야곱을 보내 줄 생각이 없어 보입니다. 그는 야곱을 붙잡기 위해서 원하는 것이 무엇인지 말해 보라고 합니다. 그때 야곱이 새로운 제안을 합니다.

자신이 외삼촌의 양 떼를 키울 테니 거기서 태어나는 새끼 중 가장 나올 확률이 높은 하얗거나 까만 양은 외삼촌이 모두 갖고, 대신 얼룩진 것과 점이 있는 것, 검은 것은 자신에게 달라고 합니다. 라반은 그동안 양 떼를 키워 보면서 그런 것들이 나오는 것을 별로 본 적이 없습니다. 그래서 야곱의 제안을 흔쾌히 받아들입니다. 그런데 신기하게도 야곱이 교미하는 양 떼의 눈앞에 푸른 나뭇가지를 벗겨 흰 무늬를 내어 가져다 두었더니 이것을 본 양이 새끼를 낳으면 얼룩진 것과 점이 있는 것, 검은 것들이 나오는 것입니다.

그 결과 야곱은 매우 부유해졌습니다. 그 뒤에 '그래서 행복하게 잘 살았습니다'라는 식의 여느 동화처럼 끝나면 얼마나 좋겠습니까만, 부자가 되었다고 끝나는 것이 아닙니다. 하나님이 하실 일이 남아 있기 때문입니다. 진정한 변화는 인격이 바뀌는 것입니다. 속사람이 바뀌어야 합니다.

지금까지 봤을 때 야곱은 어디에 데려다 놔도 살아날 자입니다. 그런데 많은 부를 이루었음에도 그가 아직 갖지 못한 것이 있었습니다. 마음의 평안입니다. 그에게는 마음의 쉼이 없어 보입니다. 자신의 계획으로 살려다 보니 그의 삶 속에는 하나님이 인도하실 때 오는 뭔가 새로운 일이 벌어질 수 있는 공간이 없습니다. 야곱의 마음은 분주하기만 합니다. 일평생 뭔가를 얻기 위해 끊임없이 계획하고 일을 꾸며야 했기 때문입니다. 많이 가졌는데도 그는 여유보다는 두려움이 큽니다. 부유함만으로는 해결할 수 없는 문제가 남아 있습니다.

그때 창세기 31장에서 하나님은 야곱을 향한 계획을 말씀하십니다.

여호와께서 야곱에게 이르시되 네 조상의 땅 네 족속에게로 돌아가라 내
가 너와 함께 있으리라 하신지라 창 31:3

어디로 가라고 하십니까? 부모님과 형이 있는 고향입니다. 이
집을 떠나고 싶은 마음은 가득하지만, 사실 야곱의 계획 속에는 아
직 형을 대면할 생각까지는 없었습니다. 지금은 그저 부자가 되어
아내와 자녀들과 편히 살고 싶은 마음뿐이었습니다. 그런데 하나
님의 계획은 이제 조상의 땅으로 돌아가라는 것입니다. 네가 속였
던 형을 마주하라는 것입니다. 네가 가고 싶은 길이 아니라 하나님
이 말씀하시는 길로 가라고 하십니다. 야곱이 돌아가고 싶은 때가
아니라 하나님의 때가 그에게 온 것입니다.

하나님의 계획대로 하기 위해서는 자신이 세워 둔 모든 계획을
내려놓아야 합니다. 이 순간, 야곱이 하나님께 드려야 하는 고백은
무엇이겠습니까? "하나님 죄송합니다. 제가 잘못 살았습니다"입니
다. 그는 지금까지 이곳에서 아내를 얻기 위해 14년, 외삼촌의 양
떼를 위해 6년, 도합 20년의 세월을 보냈습니다. 그 시간을 속고 속
이며 살아왔습니다. 재물이 많아졌지만 기뻐 보이지는 않습니다.
많은 것을 가졌는데도 두렵고 불안해 보입니다. 저는 이런 야곱을
보면서 새찬송가 429장 '세상 모든 풍파 너를 흔들어'라는 찬양이
생각났습니다. 아마도 이 찬양의 가사가 하나님께서 야곱에게 하고
싶으신 말씀이 아닐까 합니다. 찬양은 인생에서 근심, 걱정, 낙심의
순간이 올 때 내가 가진 것이 아니라 하나님이 주신 복을 세어 보라

고 합니다. 그럴 때 주께서 우리에게 그동안 부어 주신 복이 얼마나 큰지를 알게 될 것이라고 노래합니다. 특별히 영어 원곡을 보면 미처 한국어로 번역되지 않은 내용이 있는데, 직역해 보면 하나님 마음을 더 분명히 알게 됩니다.

When you look at others with their lands and gold,
땅과 돈을 가진 다른 사람들을 바라볼 때에도,
Think that Christ has promised you His wealth untold;
그리스도께서 당신에게 약속하신
그분의 엄청난 부유함을 생각해 보세요.
Count your many blessings, money cannot buy
당신의 수많은 축복을 세어 보세요. 돈으로는 절대 살 수 없습니다.
Your reward in heaven, nor your home on high.
천국에 있는 당신의 상급과 저 높은 곳에 있는
당신의 본향도 결코 살 수가 없습니다.

- 'Count Your Blessings' 중 3절

주님이 가지신 부유함과 천국은 세상 어떤 재물로도 절대 살 수 없습니다. 주님이 약속하신 것을 생각해 보십시오. 그리고 당신이 받은 축복들을 하나하나 짚어 가며 세어 보십시오. 하나님께서 당신의 인생에 베풀어 주신 것들 때문에 놀라게 될 것입니다. 하나님은 야곱에게서 이 고백이 흘러나오길 기다리셨습니다. 그에게 고향으로 돌아가라고 하신 이유는 무엇입니까? 이제 네 계획은 여기까지라는 것입니다. 이제 그만 하나님께 두 손 들고 나오라는 것입니다.

야곱의 20년 세월을 통해 하나님은 마지막으로 그의 '포기의 걸음'을 기다리십니다. 야곱이 부유함은 얻었지만 그것이 결코 모든 것이 될 수는 없습니다. 그것보다 야곱은 지금 인생의 문제를 풀어야 합니다. 하나님은 야곱에게 이 한 가지, 하나님 앞에서의 완전한 항복을 기다리십니다. 내가 걸어온 길이 잘못되었음을 인정하기를 기다리십니다. 그러나 하나님이 말씀하신 '네 조상의 땅'이란 형에서가 야곱을 죽이고 말겠다는 분노를 품고 기다리고 있는 곳입니다. 야곱 입장에서는 너무도 돌아가고 싶지 않은 곳이요, 내키지 않는 걸음입니다. 하지만 야곱이 가장 가고 싶지 않은 그 길에서 하나님은 그를 기다리고 계셨습니다. 야곱이 항복하고 돌아올 때, 새로운 길을 다시 열어 주시기 위해서 말입니다.

도망자 야곱으로서의 여정은 끝이 보입니다. 수치스럽게 떠나왔던 고향으로 돌아가는 것과 함께 마지막 여정이 시작될 것입니다. 이제 야곱은 형과 아버지를 모두 속였던, 자신의 뻔뻔한 과거를 상기시키는 그곳으로 돌아가야 합니다.[35] 그리고 하나님은 오랫동안 야곱을 기다리셨던 것처럼, 우리에게도 이 '포기의 걸음'을 기대하고 기다리십니다.

믿는 자에게 부어 주시는 하나님의 은혜는 억만금을 주어도 구할 수가 없습니다. 이 하나님의 은혜는 나의 길을 포기하고 하나님 앞으로 돌아오는 자에게 부어 주십니다. 이제는 이렇게 기도하십시오.

"이제는 내 계획대로 걷는 자가 되지 않게 하옵소서. 가다가도 멈추어 서서 하나님께 묻는 기도의 걸음을 가진 자가 되게 하옵소서. 하나님이 말씀하시는 그 순간 '주여, 제가 잘못했습니다' 하고 고백할 수 있게 하옵소서."

하나님의 계획 앞에서 나의 계획을 기꺼이 항복하는 포기의 걸음이 있기를 바랍니다. 살아 있는 날 동안 하루하루 믿음과 기도의 걸음을 배우길 원합니다. 그래서 자신이 가진 부유함으로 사는 자가 아니라 하나님이 베푸실 은혜와 선하심으로 당신의 인생이 펼쳐지기를 원합니다. 그리고 하나하나 주신 은혜들을 짚어 가면서 당신이 받은 복을 세어 보십시오. 그러는 동안 하나님의 은혜가 위로부터 더욱더 풍성하게 부어지기를 주의 이름으로 축복합니다.

5장 이제 돌아가야 할 때

창 31장

하나님의 은혜는 우리 인간의 고통을 아버지 집으로 데려갑니다.
하나님의 기쁨이 거하고 있는 그곳으로 말입니다.
그래서 우리는 삶에 무슨 일이 벌어지고 있든 관계없이
하나님 아버지 안에서 그 기쁨을 알고 누릴 수 있습니다.[36]
그 아버지의 집에 다다르기까지 야곱에게 필요한 것은 정직함입니다.

부모가 되어 간다는 것은 무엇일까요? 저는 이제 와서 생각해 보니 그것은 기다림이 아닐까 싶습니다. 돌 지난 아이를 보면서는 이 아이가 언제나 커서 걸을까 기다립니다. 또 얼마 후엔 언제쯤 옹알이가 아니라 나랑 말을 나눌까를 기다립니다. 그러다가 어느 순간 아이가 자라서 폭풍 같은 사춘기를 보내는 시기가 되면 부모는 자녀의 방문 앞에서 하염없이 기다리고, 방황할 때는 애타는 심정으로 그저 잘 돌아오기를 기다립니다. 아마 지금 이 순간에도 이런 저런 사연을 가진 채 자녀를 기다리고 있는 부모님들이 있겠지요. 이렇게 부모의 삶에는 기다림이라는 단어가 참 많이도 새겨져 있는 것 같습니다.

　마찬가지로 우리를 자녀로 둔 하나님께서도 한 사람, 한 사람을 그리스도인답게 세워 가기 위해 오래오래 기다리십니다. 이런 긴 기다림의 이유는 무엇입니까? 사랑하기 때문입니다. 잘못된 길에 서 있을 때라도 포기할 수 없기 때문입니다. 어쩌면 이 땅에서 우리에게 부모의 경험을 하게 하시는 것은 우리를 향한 하나님의 마음 한 조각이라도 깨닫기를 바라시기 때문이 아닐까 합니다. 자식 때문에 동동거리며 마음 졸이고, 또 아주 작은 변화에도 기뻐하고 응원하는 그 희로애락의 감정을 하나님께서도 우리를 보며 느끼실 테니까 말입니다.

야곱은 아버지 집을 떠나 외삼촌 집에서 20년이라는 세월을 보냅니다. 하나님은 야곱을 믿음의 사람으로 바로 세우기 위해 오래 기다리셨습니다. 그리고 마침내 31장에서 야곱에게 말씀하십니다. "네 조상의 땅, 네 족속에게로 돌아가라."

야곱은 하나님의 이 음성을 듣고 인생의 갈림길에 섭니다. 도망치듯 떠나온 집이었습니다. 그곳으로 돌아갔다가는 형 에서에게 무슨 일을 당할지 알 수 없습니다. 그렇다고 안 돌아가자니 하나님 말씀에 불순종한 것이 됩니다. 도대체 하나님은 왜 하필 이 시점에 야곱에게 이런 명령을 하신 걸까요?

은혜는 상식과 과학을 뛰어넘습니다

하나님이 야곱에게 하신 '네 아버지 집으로 돌아가라'는 명령은 단지 지리적인 이동만을 말씀하신 것이 아닙니다. 야곱의 인생이 점차 하나님이 원하시는 길로 돌아가고 있다는 것을 함축적으로 이야기하는 것입니다. 이런 명령이 나오게 된 배경부터 살펴보겠습니다.

야곱이 라반의 아들들이 하는 말을 들은즉 야곱이 우리 아버지의 소유를 다 빼앗고 우리 아버지의 소유로 말미암아 이 모든 재물을 모았다 하는지라 야곱이 라반의 안색을 본즉 자기에게 대하여 전과 같지 아니하더라 창 31:1-2

라반의 아들들은 야곱과는 외사촌지간입니다. 그런데 그들이 야곱의 재물이 늘어나자 "우리 아버지 덕에 야곱이 부자가 됐다"면서 대놓고 싫은 티를 내고 있습니다. 라반 역시 얼굴색이 달라지면서 야곱을 대하는 것이 예전 같지 않습니다. 야곱의 소유가 많아지면서 라반의 가족과 야곱 사이에 갈등이 생긴 것입니다. 이래저래 이 집에 더 있기 불편하고 어려워진 상황까지 왔습니다. 그때 하나님께서 야곱에게 말씀하십니다.

> 여호와께서 야곱에게 이르시되 네 조상의 땅 네 족속에게로 돌아가라 내
> 가 너와 함께 있으리라 하신지라 창 31:3

이제 야곱이 라반의 집을 떠날 때가 왔습니다. 야곱은 하나님의 이 음성을 듣고 라헬과 레아를 부릅니다. 야곱도 그 긴 세월 동안 마음고생이 많았을 테지요. 그동안 고단하고 힘들었던 자신의 날들에 대해 가족에게 토로합니다.

> 그대들도 알거니와 내가 힘을 다하여 그대들의 아버지를 섬겼거늘 그대들
> 의 아버지가 나를 속여 품삯을 열 번이나 변경하였느니라 그러나 하나님
> 이 그를 막으사 나를 해치지 못하게 하셨으며 창 31:6-7

야곱은 20년을 수고롭게 일해서 외삼촌이자 장인어른의 집이 잘살게 되도록 도왔지만, 이 집 사람들은 오히려 자신들 덕분에 야

곱이 부자가 되었다고 생각하고 있습니다. 정당한 품삯도 받지 못한 채 억울하게 노동력을 착취당해 왔는데, 열심히 일한 자신을 오히려 차갑게 대하니 야곱 안에 섭섭하고 억울한 마음이 왜 없었겠습니까? 결국 야곱은 아내들에게 이곳을 떠나자고 합니다.

그러면 야곱은 어떻게 해서 부자가 된 것일까요? 그것을 알려면 창세기 30장의 이야기로 돌아가야 합니다. 그때 야곱은 라헬에게서 요셉을 얻은 뒤 라반에게 자신의 가족과 함께 이 집을 떠나겠다고 말했습니다. 하지만 라반은 그를 붙잡습니다. 라반이 봤을 때 야곱은 자신에게 유익한 사람이었기 때문입니다. 즉 라반은 자신이 부자가 된 것이 야곱 때문이라는 사실을 알고 있었습니다. 그래서 계약을 열 번이나 변경하면서까지 어떻게든 그를 잡아 두려했던 것입니다. 이 정도면 라반은 야곱보다 더 야곱 같은 사람임에 틀림없습니다. 라반은 떠나려는 야곱을 붙잡기 위해 그와 계약을 맺습니다. 그때 야곱이 이런 제안을 합니다.

> 오늘 내가 외삼촌의 양 떼에 두루 다니며 그 양 중에 아롱진 것과 점 있는 것과 검은 것을 가려내며 또 염소 중에 점 있는 것과 아롱진 것을 가려내리니 이같은 것이 내 품삯이 되리이다 창 30:32

이 구절을 새번역 성경은 이렇게 옮깁니다.

오늘, 제가 장인어른의 가축 떼 사이로 두루 다니면서, 모든 양 떼에서 얼룩진 것들과 점이 있는 것과 모든 검은 새끼 양을 가려내고, 염소 떼에서도 점이 있는 것들과 얼룩진 것들을 가려낼 터이니, 그것들을 저에게 삯으로 주십시오. 창 30:32, 새번역

양과 염소에서 얼룩진 것, 점 있는 것, 검은 것들은 흰 것에 비해서 아주 적은 숫자입니다. 보기 드문 것입니다. 그런데 야곱이 무슨 자신감인지 이것만 달라고 합니다. 라반 생각에 손해 볼 것이 하나도 없어 보였습니다. 오히려 남는 장사 같았습니다. 결국 라반은 야곱과 바로 계약을 맺습니다. 그리고 계약을 하자마자 그마저도 야곱에게 주지 않겠다는 심산으로 그날 바로 자신의 양과 염소 중에서 얼룩진 것과 점 있는 것, 검은 것을 미리 빼돌려 전부 자기 아들들에게 넘겨줍니다. 해도 해도 너무합니다. 그러니 야곱이 치게 될 양 떼에는 얼룩진 것, 점 있는 것, 검은 것들이 하나도 남지 않게 됐습니다.

이렇게 되면 야곱이 말한 종류들이 나올 확률은 얼마나 될까요? 그에게 돌아갈 몫은 거의 없다고 봐야 합니다. 게다가 라반은 자기 양과 염소들이 야곱 가까이에 얼씬도 못하도록 사흘길이나 떨어진 곳으로 옮겨 지내게 했습니다. 라반이 기가 막히게 머리를 썼습니다. 적어도 그는 유전의 이치를 알고 있었습니다. 과학을 믿은 것입니다.

그런데 이 시점에서 야곱은 듣도 보도 못한 희한한 방법을 택합니다. 먼저 버드나무, 살구나무, 신풍나무(새번역 성경: 플라타너스 나

무)의 푸른 가지를 가져다가 껍질을 벗깁니다. 거기에 흰 무늬를 내서 알록달록하게 만듭니다. 그러고는 그걸 개천의 물 구유에 세워 놓고 양 떼가 물을 먹으러 올 때마다 볼 수 있게 합니다. 그러자 신기한 일이 일어납니다.

> 가지 앞에서 새끼를 배므로 얼룩얼룩한 것과 점이 있고 아롱진 것을 낳은
> 지라 창 30:39

이 가지를 바라보며 새끼를 밴 양들에게서 얼룩진 것, 점이 있는 것이 나왔다고 성경은 말하고 있습니다. 과학적으로 보면 흰 양에게서 나오지 않아야 하는 것들이 나왔다는 것입니다. 한마디로 말이 안 되는 일이 벌어졌습니다. 게다가 야곱은 의도적으로 튼튼한 양이 오면 그 앞에 가지를 두고, 약한 양이 오면 그 가지를 두지 않음으로 튼튼하고 좋은 양이 얼룩진 것을 낳게 하여 자신의 것이 되게 하고, 약한 양은 라반의 것이 되도록 유도합니다. 이러므로 야곱의 소유가 점점 늘고 매우 번창하게 됩니다. 이것이 창세기 30장의 이야기입니다. 이런 일들이 있었기에 라반의 아들들이 야곱을 싫어하게 된 것입니다.

그런데 이런 성경의 이야기는 하나님을 믿지 않는 사람들에게 논란거리가 되기 쉽습니다. 실제로 여기에 의문을 제기한 사람이 있습니다. 영국 케임브리지대학교(University of Cambridge)에 다니던 한 청년은 예수님을 영접한 지 몇 주가 안 되었을 무렵, 한 친구로부

터 난처한 질문을 받습니다. 그 친구는 유전공학 교수로부터 강의를 듣고 청년을 찾아와서 이 본문을 보여 주며 어떻게 이런 성경을 믿을 수 있느냐고 따져 물었답니다. 이것이야말로 예수를 믿지 말아야 할 결정적인 증거라면서 말입니다. 그 친구는 청년에게 성경은 청동기 시대의 사이비 과학으로 가득 찬 기록이라면서, 야곱의 이야기도 이 모양인데 어떻게 그 이전에 일어난 창조 이야기를 믿을 수 있겠느냐고, 말도 안 되는 책이라며 흥분하더랍니다.[37]

당시 청년은 예수 믿은 지 얼마 되지 않았기 때문에 그 말에 아무런 대답도 하지 못했습니다. 그리고 시간이 지나 청년은 대학을 졸업했습니다. 그 뒤로 청년은 성서 언어를 전공해 여러 권의 책을 출간했고 지금은 영국 런던에서 귀한 목회자가 되었습니다. 그는 창세기에 대해 연구하면서 그때 자신이 하지 못했던 대답을 다시 찾기 시작했습니다. 그는 계속해서 의문을 가졌습니다.

'성경은 이런 말도 안 되는 방법을 통해서 야곱이 부자가 되었다는 이야기를 왜 우리에게 보여 주고 있는 것일까? 하나님은 왜 그 친구의 말처럼 하나님을 믿지 못하게 만드는 상황을 성경에 그대로 놔 두신 것일까?'

마침내 청년은 목회자가 되어서 그것에 대한 답을 창세기 31장 7-9절에서 발견했습니다.

그대들의 아버지가 나를 속여 품삯을 열 번이나 변경하였느니라 그러나 하나님이 그를 막으사 나를 해치지 못하게 하셨으며 그가 이르기를 점 있는 것이 네 삯이 되리라 하면 온 양 떼가 낳은 것이 점 있는 것이요 또 얼룩 무늬 있는 것이 네 삯이 되리라 하면 온 양 떼가 낳은 것이 얼룩무늬 있는 것이니 하나님이 이같이 그대들의 아버지의 가축을 빼앗아 내게 주셨느니라 창 31:7-9

나뭇가지를 흔들어 흰 양에게서 얼룩진 것이 나온 사건에 대해서 야곱이 뭐라고 말하고 있습니까? 이 일을 하나님이 하셨다고 합니다. 인간의 삶에서는 과학이 통합니다. 상식선에서 이해되는 영역이 있습니다. 그런데 하나님은 이 일을 통해서 과학을 뛰어넘는 하나님의 은혜가 있다는 것을 가르쳐 주고 계십니다. 무엇보다 야곱의 인생을 주도하고 계신 분이 바로 하나님이심을 깨달을 수 있도록 유전학으로는 결코 설명할 수 없는 은혜를 부어 주신 것입니다.[38]

하나님께서 이렇게 하시는 이유는 무엇입니까? 지금까지 야곱은 자신의 능력과 머리로 얻고자 하는 것을 얻으며 살았습니다. 이런 야곱에게 하나님은 다른 삶을 가르쳐 주고자 하신 것입니다. 하나님은 우리의 상식과 이성과 모든 상황을 초월해 역사하실 때가 있습니다. 죄로 죽은 우리를 예수 그리스도를 통하여 구원하신 것 자체가 초월적인 역사입니다. 하나님은 이러한 은혜를 믿는 자에게 베풀어 주십니다. 그러기에 절망 중에도 다시 살아갈 소망이 생기며, 넘어지지만 아주 엎드러지지 않고 다시 일어설 수 있는 것입니다. 이것이 하나님이 하시는 일의 놀라운 섭리이자 비밀입니다.

라반은 당시의 상식과 과학을 따랐습니다. 그 시대는 과학을 무시하는 듯한 무속 신앙들이 활개치고 있었습니다. 야곱은 과학적인 방법이나 무속 신앙에 의해 부유해진 것이 아닙니다. 야곱을 선택하신 하나님께서 야곱에게 뜻밖의 은혜를 베풀어 주셨습니다. 야곱은 이 일 덕분에 자신의 미래와 축복이 모두 하나님으로부터 시작되는 것임을 배우게 되었습니다.[39]

빼앗는 삶에서 받는 삶으로 돌아가라고 하십니다

천수답을 아십니까? 하늘에서 내리는 비를 가지고 농사를 짓는 땅을 말합니다. 신명기 11장에 보면 이스라엘 백성이 들어가게 될 가나안 땅이 천수답입니다. 하나님께서 내리시는 이른 비와 늦은 비의 은혜를 입어야 농사를 지을 수 있는 곳입니다. 반면 그들이 400년간 종살이 하며 살아온 애굽은 나일강에서 물을 끌어다가 농사를 짓는 수리답이었습니다. 말하자면 수리답이 인간의 힘과 노력으로 소산을 얻어야 하는 땅이라면, 천수답은 오직 하늘로부터 내리는 비를 의지해 살아가야 하는 땅인 것입니다.

하나님은 이스라엘 백성을 수리답의 땅 애굽에서 이끌어 내어 천수답의 땅 가나안으로 가게 하십니다. 이것이 무슨 의미입니까? 하나님은 이제 당신의 백성이 자신들의 힘으로 살아왔던 지난날의 삶에서 벗어나서 하나님을 바라보며 살기를 바라신다는 뜻입니다. 사실 가나안은 산과 골짜기로 이루어진 땅입니다. 환경이 좋은 곳이 아닙니다. 그런데도 하나님은 그 땅을 젖과 꿀이 흐르는 땅이라고 하십니다. 왜입니까? 때를 따라 비의 은혜를 내리실 하나님만 바라보라는 것입니다. 이스라엘 백성이 하나님 말씀에 순종할 때에야 비로소 그 땅이 풍요로운 소산물을 내는 축복의 땅이 되리라는 것입니다. 하나님은 야곱에게도 이제는 자신의 능력이 아닌 하나님을 바라보며, 하나님이 공급해 주시는 천수답의 삶을 살아가기를, 또한 그 은혜 속에서 살아가는 법을 배우기 원하셨습니다.

지금까지 하나님은 야곱의 여정을 지켜보셨습니다. 비록 야곱이 계략과 음모를 꾸민 사람일지라도 하나님은 그를 버리지 않으셨습니다. 야곱을 향한 하나님의 인내심은 놀랍습니다. 하나님의 은혜와 자비는 그 어떤 것과도 비교할 수 없습니다. 그러니 야곱도 다윗처럼 "여호와여 주의 인자하심이 영원하오니"(시 138:8)라고 고백해야 했습니다. 왜냐하면 하나님은 우리가 가장 비참한 곳에 처했을 때 은혜를 붓기 시작하시기 때문입니다.[40] 하나님의 은혜는 우리가 죄를 지었을 때 즉각적으로 응징하지 않으시고 참고 기다리시며 도와주기까지 하신다는 것입니다. 그것은 야곱이, 또한 우리가 하나님의 품으로 돌아오기를 원하신다는 뜻입니다. 이제 하나님은 그 일을 시작하고 계십니다.

> 나는 벧엘의 하나님이라 네가 거기서 기둥에 기름을 붓고 거기서 내게 서원하였으니 지금 일어나 이곳을 떠나서 네 출생지로 돌아가라 하셨느니라 창 31:13

야곱이 양 떼 은혜를 체험한 이후, 하나님께서는 또다시 야곱에게 고향으로 돌아가라고 명하십니다. 이 말씀은 어디에서 어디로 돌아가라는 것일까요?

첫째로, 남의 것을 빼앗는 삶에서 하나님이 주시는 것을 받는 삶으로 돌아가라는 말씀입니다. 그동안 야곱은 라반과 똑같았습니다. 남의 것을 빼앗으며 살았습니다. 그런데 인생은 라반의 머리만으로, 또는 야곱의 욕심만으로는 살아갈 수 없습니다. 하나님이 부어 주시는 은혜가 있어야만 합니다. 신앙생활을 하면서 그 은혜를 경험하지 못하면 공허하고 메마른 삶이 될 수밖에 없습니다. 그러다 보면 가슴속의 뜨거움은 상실한 채 머릿속의 지식으로만 남는 종교생활로 전락할 수 있습니다.

양 떼 사건은 하나님께서 야곱에게 "지금까지는 너의 힘으로 모든 것을 얻으며 살았지만 이제부터는 내가 공급해 주는 것으로 살아가야 한다"고 말씀하시며 그 방법을 보여 주신 것입니다. 평생 자신만 의지하고 수고롭게 살아가는 것이 얼마나 고단한 일입니까? 믿는 자로서 위로부터 오는 놀라운 은혜를 경험하지 못한다면 이 얼마나 안타까운 일입니까? 이런 은혜는 특별한 곳에서만 일어나는 것이 아니라 우리 일상에서도 날마다 일어나야 할 것입니다.

하나님께서 주시는 것을 받는 삶이란 하나님이 행하시는 것을 신뢰하고 인정하는 삶입니다. 하나님의 자녀답게 사는 자리로 돌아가는 것입니다. 시편 1편의 말씀처럼 악인의 꾀와 죄인의 길에서 떠나 하나님의 말씀에 뿌리를 내리는 길로 돌아가는 삶입니다.

야곱의 부유함은 하나님과 함께 시작되었습니다. 그래서 그가 외삼촌의 집에 올 때는 빈손이었으나 떠날 때는 하나님께서 그를 부유하게 만드신 것입니다. 하나님은 우리의 지혜와 능력을 뛰어넘는 분이십니다. 그 하나님이 공급해 주시는 은혜를 평생 누리며 살아가는 우리 모두가 되기를 바랍니다.

거짓된 삶에서 진실한 삶으로 돌아가라고 하십니다

라헬과 레아가 그에게 대답하여 이르되 우리가 우리 아버지 집에서 무슨 분깃이나 유산이 있으리요 아버지가 우리를 팔고 우리의 돈을 다 먹어 버렸으니 아버지가 우리를 외국인처럼 여기는 것이 아닌가 하나님이 우리 아버지에게서 취하여 가신 재물은 우리와 우리 자식의 것이니 이제 하나님이 당신에게 이르신 일을 다 준행하라 야곱이 일어나 자식들과 아내들을 낙타들에게 태우고 그 모은 바 모든 가축과 모든 소유물 곧 그가 밧단아람에서 모은 가축을 이끌고 가나안 땅에 있는 그의 아버지 이삭에게로 가려 할새 그 때에 라반이 양털을 깎으러 갔으므로 라헬은 그의 아버지의 드라빔을 도둑질하고 야곱은 그 거취를 아람 사람 라반에게 말하지 아니하고 가만히 떠났더라 창 31:14-20

야곱이 라헬과 레아에게 하나님의 명령이 있었던 사실을 알리며 이 집을 떠나자고 했을 때 두 여인은 말합니다. 자신들은 아버지에게서 받을 분깃이나 유산이 없다고 말입니다. 또한 아버지가 자신들을 팔았을 뿐 아니라 자기들 몫으로 돌아오는 돈까지 다 빼앗아 갔으니 여기에 남을 이유가 없다며 남편 뜻을 따르겠다고 합니다. 이에 야곱은 라반이 양털을 깎으러 나가 집을 비운 사이에 온 가족과 모든 가축 및 자기 재산을 챙겨 조용히 떠납니다. 야곱은 여전히 기회주의자입니다.[41]

그런데 이때 라헬이 아버지 집에서 몰래 훔쳐 나온 것이 있습니다. 바로 '드라빔'이라는 것입니다. 드라빔은 사람의 형상을 한 우상으로, 당시 고대 근동 지역 사람들이 가정의 평안과 행복을 지켜 준다고 믿었던 일종의 가정 수호신 같은 것입니다. 그런데 라헬은 도망치는 상황에서 왜 이 물건을 가지고 나온 것일까요? 여러 의견이 있지만, 그중 이 드라빔을 가진 자에게 그 집안의 상속자로서 권한이 있었기 때문이라는 의견이 가장 신뢰를 얻고 있습니다.[42]

야곱이 몰래 도망한 지 3일이 지나서야 그 사실을 알게 된 라반은 화가 나서 이들을 맹추격합니다. 결국 야곱이 있는 곳까지 와서는 자신의 드라빔을 내놓으라고 하죠. 야곱은 아무리 뒤져도 찾지 못할 거라고 호언장담합니다. 혹시라도 뒤져서 나오면 훔친 사람의 목숨이라도 걸겠다고 합니다. 야곱은 라헬이 그것을 훔친 사실을 전혀 알지 못했습니다. 이때 라헬이 낙타의 안장 밑에 드라빔을 숨겨 놓고 그 위에 올라타서는 생리가 심해 움직이지 못하니 자기가 앉은 곳은 뒤지지 말라며 아버지를 속입니다. 라반은 끝내 딸이 훔친 드라빔을 찾지 못하고 말았습니다. 그 순간 야곱의 감정이 폭발합니다. 그동안 쌓였던 억울함과 분노가 한꺼번에 터져 나온 것이지요.

야곱이 노하여 라반을 책망할새 야곱이 라반에게 대답하여 이르되 내 허물이 무엇이니이까 무슨 죄가 있기에 외삼촌께서 내 뒤를 급히 추격하나이까 외삼촌께서 내 물건을 다 뒤져 보셨으니 외삼촌의 집안 물건 중에서 무엇을 찾아내었나이까 여기 내 형제와 외삼촌의 형제 앞에 그것을 두고 우리 둘 사이에 판단하게 하소서 내가 이 이십 년을 외삼촌과 함께하였거니와 외삼촌의 암양들이나 암염소들이 낙태하지 아니하였고 또 외삼촌의 양 떼의 숫양을 내가 먹지 아니하였으며 물려 찢긴 것은 내가 외삼촌에게로 가져가지 아니하고 낮에 도둑을 맞았든지 밤에 도둑을 맞았든지 외삼촌이 그것을 내 손에서 찾았으므로 내가 스스로 그것을 보충하였으며 내가 이와 같이 낮에는 더위와 밤에는 추위를 무릅쓰고 눈 붙일 겨를도 없이 지냈나이다 내가 외삼촌의 집에 있는 이 이십 년 동안 외삼촌의 두 딸을 위하여 십사 년, 외삼촌의 양 떼를 위하여 육 년을 외삼촌에게 봉사하였거니와 외삼촌께서 내 품삯을 열 번이나 바꾸셨으며 우리 아버지의 하나님, 아브라함의 하나님 곧 이삭이 경외하는 이가 나와 함께 계시지 아니하셨더라면 외삼촌께서 이제 나를 빈손으로 돌려보내셨으리이다마는 하나님이 내 고난과 내 손의 수고를 보시고 어제 밤에 외삼촌을 책망하셨나이다 창 31:36-42

그는 라반 앞에서 구구절절 쏟아 내기 시작합니다. 도대체 자신이 무슨 죄가 있길래 이렇게 뒤쫓아 와 도둑 취급하느냐고 따집니다. 그 집안 물건이 여기에 하나라도 있더냐고 말이죠. 그러고는 자신이 힘들었던 지난 20년의 이야기를 또 합니다. 상처 있는 사람의 특징이 바로 이것입니다. 자신의 마음이 풀릴 때까지 그때 이야기를 하고 또 합니다. 어딜 가도 그 말을 계속 한다는 것은 내 안에 아직 그것에 대한 상처가 있다는 의미입니다.

저는 야곱이 쏟아 낸 한풀이를 듣고 있자니 그의 마음과 감정이 고스란히 느껴집니다.

"내가 20년을 이 집에서 일하면서 외삼촌의 양 한 마리도 잡아먹어 본 적이 없습니다. 도둑맞은 것이 있을 때마다 외삼촌은 그것을 내 월급에서 제했습니다. 낮에는 더위와, 밤에는 추위와 싸우며 눈 붙일 겨를도 없이 지냈고, 외삼촌의 두 딸을 위해서 14년 동안 월급도 안 받고 일했습니다. 외삼촌의 양 떼를 위해서 6년을 일하는 동안 외삼촌은 내 품삯을 안 주려고 교묘하게 열 번이나 계약을 바꿔치기 했습니다. 이제 와 말하지만 그동안 억울해도 참고 견뎠습니다."

야곱이 얼마나 열변을 토했을지 짐작이 가지 않습니까? 그런데 그가 하는 말들을 계속 읽다 보니 어느 순간 야곱의 목소리가 크지만 작아지는 것처럼 느껴졌습니다. 왜냐하면 이런 생각이 떠올랐기 때문입니다.

'야곱이 지금 큰소리로 항변하고 있지만 과연 자신이 외삼촌보다 더 깨끗하게 산 사람이라고 당당하게 말할 수 있을까?'

그는 지금 라반이 자신에게 한 잘못은 하나하나 지적하면서도, 자기 잘못은 하나도 이야기하지 않고 있습니다. 자신이 아버지에게 어떤 짓을 했는지, 형에게 어떻게 했는지 자신의 죄는 고백하지 않았습니다. 그래서 저는 이 구절을 묵상하며 성경책 여백에 이렇게 썼습니다.

'목소리는 큰데 작다.'

세상에는 크지만 작은 것이 있고, 작지만 큰 것이 있습니다. 거짓말은 아무리 커도 힘이 없습니다. 진실이 오면 무너지고 맙니다. 반면 진실은 조용히 말해도 힘이 있습니다. 사람은 거짓 가운데 있으면 아무리 떠들어도 자신의 초라함을 압니다. 지금 야곱이 그렇습니다. 비록 큰소리로 말하고는 있지만, 죄의 고백이 없는 야곱이 얼마나 비참한가를 보게 되었습니다.

하나님은 야곱이 비참하기를 원하지 않으십니다. 부끄럽지 않은 당당한 사람으로 서기 위해 그를 기다리고 빚어 가십니다. 목소리가 큰 사람보다 마음속이 견고한 사람이 되어야 합니다. 남을 판단하는 자리에서 자신의 죄를 고백하는 자리로 돌아가야 합니다.

하나님이 야곱에게 참으로 원하신 것은 진실함입니다. 즉 겉과 속이 같아지는 것(integrity)입니다. 하나님께서 야곱에게 돌아가라고 하신 명령의 두 번째 의미가 바로 거짓된 삶에서 진실한 삶으로 돌아가라는 것입니다. 속이는 삶에서 정직한 삶으로의 변화를 요청하시는 것입니다. 믿음의 사람은 매일 이러한 돌이킴이 있어야 합니다.

살다 보면 우리는 여러 이야기를 듣게 됩니다. 그런데 확인되지 않은 세상 소문이나 근거 없는 말을 따라 사는 사람들이 있습니다.

그것에 현혹되어 따라나서면 그 인생은 무너집니다. 하나님의 자녀들은 바람 같은 소문이 아니라 말씀을 따라 살아야 합니다. 진실을 따라 살아야 합니다. 진짜를 제대로 알면 가짜는 금방 알아챌 수 있습니다. 진실이 오면 거짓은 무너집니다.

살아 있는 예배의 자리로 돌아가라고 하십니다

결국 야곱과 라반은 어떻게 됩니까? 서로 해치지 말자고 약속하며 둘 사이에 돌무덤을 쌓아 증거로 삼습니다. 이것의 이름을 '여갈사하두다'라고 부르며 평화 조약을 체결합니다.

> 라반이 또 야곱에게 이르되 내가 나와 너 사이에 둔 이 무더기를 보라 또 이 기둥을 보라 이 무더기가 증거가 되고 이 기둥이 증거가 되나니 내가 이 무더기를 넘어 네게로 가서 해하지 않을 것이요 네가 이 무더기, 이 기둥을 넘어 내게로 와서 해하지 아니할 것이라 아브라함의 하나님, 나홀의 하나님, 그들의 조상의 하나님은 우리 사이에 판단하옵소서 하매 야곱이 그의 아버지 이삭이 경외하는 이를 가리켜 맹세하고 야곱이 또 산에서 제사를 드리고 형제들을 불러 떡을 먹이니 그들이 떡을 먹고 산에서 밤을 지내고 라반이 아침에 일찍이 일어나 손자들과 딸들에게 입맞추며 그들에게 축복하고 떠나 고향으로 돌아갔더라 창 31:51-55

야곱과 라반은 산에서 희생 제사를 드렸습니다. 이것은 이스라엘 사람들이 어떤 조약을 맺을 때 반드시 행하는 일입니다. 즉 하나님께 예배를 드렸다는 의미입니다. 그런데 겉으로 보기에는 예배를 드리고 아주 좋은 모습으로 헤어지는 것처럼 보이지만 뭔가 시원하지 않습니다. 마음속에는 해결하지 못한 문제들이 서로에게 여전히 남아 있기 때문입니다. 라반은 야곱을 더는 붙들 수 없다는 것, 자신이 진 사실을 알았습니다. 딸들과 헤어지는 것도 고통이었습니다. 그런데 더 고통인 것은 딸들로부터 사랑받지 못했다는 것입니다. 그것이 라반이 야곱을 상대로 한 가장 큰 패배였습니다.[43]

지금 예배드리는 사람이 누구입니까? 한 사람은 조카에게 적절한 대우를 해 주지 않으면서 노동력을 착취한 사람이고, 또 한 사람은 아버지와 형을 속이고 도망쳐 나와 영리하게 자신의 부를 축적하며 살아 온 사람입니다. 그런 이들이 하나님 앞에서 희생 제사를 드리는 것입니다. 물론 이것은 분명한 제사입니다. 둘 사이에 화해를 체결하는 것을 의미하고 있습니다.[44] 하지만 우리는 속이면서도 예배를 드릴 수 있고 예배를 드리면서도 여전히 속일 수 있는 사람들입니다. 지금 성경이 보여 주고 있는 이 장면에는 거짓과 예배를 함께 가지고 살아가는 우리의 모습이 있습니다. 이런 야곱과 라반의 모습은 우리의 모습과 동질성을 갖습니다.

여기에 하나님께서 야곱에게 돌아가라고 하신 세 번째 의미가 있습니다. 바로 죽은 예배에서 살아 있는 예배로 돌아가라는 것입니다. 답답한 예배가 있고 시원한 예배가 있습니다. 답답한 예배는 내 것을 절대로 주님께 고백하지 않는 예배입니다. 반면 시원한 예배는 모두 토로하는 것입니다. 야곱이 예배는 드렸지만 정직한 회개는 하지 않았습니다. 예배는 드리는데 자신의 문제는 말하지 않았습니다. 만약 이날 야곱이 예배에서 "하나님, 제가 20년 동안 너무 힘들게 살아왔습니다. 삼촌과의 관계도 깨졌습니다. 돌아보니 제가 지난날에 아버지 집에서 형과 아버지에게 한 일이 너무 큰 잘못이었습니다. 하나님, 죄송합니다" 하고 고백했더라면 야곱은 살아 있는 예배를 드렸을 것입니다.

회개는 억지로 할 수 있는 것이 아닙니다. 성령님께서 깨닫게 하실 때 터집니다. 하나님은 야곱에게 계속해서 기회를 주고 계십니다. 마음을 토하는 예배가 있는 곳, 그곳이 바로 아버지의 집이라는 것을 알려 주고 싶어 하셨습니다.

주님은 오늘날에도 죽은 예배를 드리는 자가 너무도 많다고 말씀하십니다. 겉으로는 거룩한 척, 나는 아무 문제가 없는 척 예배를 드리고 있는 사람들이 많다는 것입니다. 예배가 무엇입니까? 하나님을 찾고, 하나님을 만나고, 내 문제를 그분 앞에 고백하는 것입니다. 그러므로 이 죄 많은 영혼에게도 찾아오셔서 은혜를 베풀어 주시는 하나님께 감사와 영광을 올려 드리는 것이 예배입니다.

그런데 아직도 예배의 형식은 있지만 마음을 드리지 못하는 사람들이 있습니다. 하나님 앞에서조차 체면을 차리는 것인지요? 하나님 앞에 자신을 내려놓지 못하고, 털어놓지 못한다면 어디 가서 이야기할 겁니까? 은혜를 입어도 회개의 자리로 나아가지 못한다면 그것은 소용없는 일입니다. 예배에는 죽은 예배가 있고, 산 예배가 있습니다. 10년, 20년 교회를 다니며 예배를 드려도 죽은 것 같은 종교생활이 있고, 한 번을 드려도 감격이 있는, 살아 있는 예배가 있습니다. 오랜 신앙생활에도 여전히 교회 마당만 밟는 자처럼 산다면 한낱 종교인으로 끝날 수 있습니다. 우리는 종교인이 아닙니다. 신앙인이어야 합니다.

그렇다면 어떻게 살아 있는 예배를 드릴 수 있을까요? 한 가지밖에 없습니다. "하나님, 제가 힘듭니다. 제가 아픕니다. 제가 거짓으로 살았습니다" 하고 가슴을 열고 나를 토해야 합니다. 그런 사람은 영혼이 회복되기 시작하고 하나님 앞에서 엎드리는 자가 될 것입니다. 이것이 산 예배입니다.

하나님은 야곱에게 돌아가라고 하십니다. 하나님과 진실하게 만나는 예배의 자리로 돌아가라고 하십니다. 이 말씀은 일대일로 만나 주시겠다는 것입니다. 하나님은 우리에게도 살아 있는 예배를 드리는 자리로 오라고 말씀하십니다. 어려운 상황이 올수록 더욱 하나님을 만나러 가야 합니다.

한국의 기독교를 이끌어 온 우리 믿음의 선배들을 기억합니다. 교회 건물이 없어서 천막을 치고 예배를 드렸습니다. 의자도 없는 작은 예배당은 새벽부터 밤까지 기도가 끊이지 않았습니다. 또한 찬송을 부를 때마다 자신의 죄를 고백하며 가슴을 치며 눈물을 흘렸습니다. 특히 주님 앞에 무릎을 꿇고, 두 손 들고 고백했던 찬양이 있습니다. '나 주를 멀리 떠났다 이제 옵니다'(새찬송가 273장)라는 찬양입니다. 이 찬양은 부를 때마다 우리 삶을 돌아보게 합니다. 특별히 마음과 삶 속에서 주님을 떠나 있을 경우에는 더욱 그렇습니다. 우리로 회개하고 또 회개하게 합니다.

I've wandered far away from God, Now I' coming home.

나 주를 멀리 떠났다 이제 옵니다.

The paths of sin too long I've trod, Lord I'm coming home.

나 죄의 길에 시달려 주여 옵니다.

Coming home, coming home, Nevermore to roam,

나 이제 왔으니 내 집을 찾아

Open wide thine arms of love, Lord! I'm coming home.

주여 나를 받으사 맞아 주소서.

- '나 주를 멀리 떠났다 이제 옵니다' 중

이 찬양에서 화자가 돌아온 곳이 어디입니까? 바로 집입니다. 그 집이 어디입니까? 하나님 앞입니다. 즉 이 찬양은 밟았던 죄의 길이 오래 되었다고 할지라도 마침내 내 영혼의 집, 아버지의 집, 주님 앞으로 다시 돌아왔다는 것입니다. 회개했다는 것입니다. 하나님은 그것을 바라십니다. 하나님은 우리가 지난 죄를 회개하고 주님께 돌아오면 사랑의 팔을 벌려 맞아 주십니다.

야곱은 아버지 집에서도 속이고, 외삼촌 집에서도 속이다가 20년을 지체했습니다. 하나님은 그런 그에게 이제 아버지 집으로, 하나님에게로 돌아가라고 말씀하십니다. 외삼촌 집에서 고생하며 마음속에 켜켜이 쌓아 두었던 것들, 누구에게도 말 못하고 가슴에 묻어 두었던 그 이야기를 하나님 아버지를 만나면 다 할 수 있습니다. 비록 젊은 날의 야곱은 하나님으로부터 도망쳤지만, 하나님은 이제 그만 내게로 돌아오라고, 나를 만나러 오라고 하십니다.

이제는 돌아갈 때입니다. 너무 멀리 왔다고 여기는 사람이 있습니까? 아직 늦지 않았습니다. "하나님, 제가 아버지 집에 왔습니다" 하면서 갈 때, 하나님께서는 누구보다도 반갑게 우리를 맞아 주실 것입니다. 나는 아버지의 집에 있다고 여기는 분들도 내가 마당만 밟고 가는 것은 아닌지 점검해 보길 바랍니다. "아버지, 제가 잘못했습니다"라고 회개하는 곳이 지성소가 될 것입니다. 부디 살아 있는 예배로 돌아가도록 나의 영혼을 흔들어 깨워 달라고 기도하길 바랍니다.

더 이상 미루지 마십시오. 지금이 아버지 집으로, 하나님의 품으로 돌아가야 할 때입니다.

어떻게 살아 있는 예배를

드릴 수 있을까요?

한 가지밖에 없습니다.

"하나님, 제가 힘듭니다.

제가 아픕니다.

제가 거짓으로 살았습니다"

하고 가슴을 열고

나를 토해야 합니다.

⑥장 죽음 안에 있는 영원한 생명

창 31:22-32:20

예수 그리스도의 죽으심으로 우리의 죄가 그분의 죄로 계산되고
그분의 의가 우리의 의로 계산됩니다.
이것을 가리켜 '위대한 교환(the great exchange)'이라 부릅니다. [45]
그분의 죽으심은 하나님의 진노를 달래는 희생 제물이었습니다.
이 복음이 성경 전체의 중심이며 야곱의 이야기 속에도 감추어져 있습니다.

신앙생활이란 무엇일까 생각해 본 적이 있습니까? 사도 바울의 고백에 따르면 자신이 행한 모든 것은 복음을 위하여 한 일이라고 말합니다(고전 9:23 참조). 이처럼 신앙생활은 복음을 깨닫고, 복음을 위해 사는 것이라고 할 수 있습니다. 그렇기에 주님을 믿는 자들의 삶은 언제 어디서나 복음이 주는 복에 동참하고, 그것을 나누어 주기 위해 살아가는 것입니다.

이 복음의 중심에는 바로 예수 그리스도가 계십니다. 에베소서 1장 3절에 보면 복음 안에는 하나님만이 주시는 신령한 복이 있는데, 그 복은 그리스도를 통해서 우리에게 주어진다고 말씀합니다. 신앙은 이 복음에 대해서 알아 가는 여정입니다. 바울은 이 비밀을 알았기에 주님을 위하여 자신의 전 생애를 드렸습니다.

세상 사람들은 건강이나 물질이 많은 것을 복으로 압니다. 왜냐하면 이 세상을 살아가는 데 있어서 그런 것이 중요하다고 여기기 때문입니다. 그러나 주님을 만나면 이보다 더 중요한 복이 있다는 사실을 깨닫게 됩니다. 바로 주님이 복이라는 것을 알게 되는 것이지요. 신앙생활은 그 복음의 주인이신 예수 그리스도를 아는 것입니다. 또한 깨닫고 아는 만큼 살아가는 것입니다.

구약과 신약은 그리스도를 중심으로 나누어져 있습니다. 구약

이 오실 예수님을 준비하는 책이라면, 신약은 그 약속하신 예수 그리스도가 오신 것을 알리는 말씀입니다. 우리가 복음을 만나고 나면 구약 안에 감추어진 놀라운 그리스도의 비밀을 발견할 수 있습니다. 또 신약에서 우리를 위해 이 땅에 오신 예수님에 대한 복음의 기쁨을 더 크게 누릴 수 있습니다. 말씀 안에서 날마다 그 보화를 캐내는 기쁨을 누리는 것이 신앙인에게 부어 주신 은혜라고 생각합니다.

우리는 구약과 신약이 예수 그리스도를 중심으로 나뉘듯 우리 인생도 그리스도의 복음으로 삶과 죽음이 나누어지게 되어 있다는 사실을 기억해야 합니다.

죄인은 반드시 죽습니다

창세기 31장에서 야곱은 자신의 식구들과 가축들을 이끌고 라반의 집에서 조용히 도망을 갑니다. 3일 만에야 이 사실을 알게 된 라반은 그길로 야곱을 추격해 7일 만에 길르앗에서 야곱 일행을 따라잡습니다.

하지만 라반은 야곱을 만나기 바로 전날 꿈에서 '좋은 말이든 나쁜 말이든 야곱에게 아무 말도, 어떤 행위도 하지 말고 그를 곱게 보내라'는 하나님의 경고의 말씀을 듣습니다. 결국 라반은 야곱을 붙잡기는 했지만, 그와 그의 가족을 해치지는 않기로 합니다. 대신 자신이 여기까지 쫓아온 것을 정당화하기 위해 두 가지 질문을 합니다. 먼저 왜 자신을 속이고 몰래 떠났느냐 묻습니다. 간다고 했으면 어련히 축복하면서 보내 줬을 텐데 왜 말도 없이 도망을 갔느냐는 것입니다. 그리고 왜 손주들과 작별 인사도 하지 못하게 했느냐고 합니다. 갑자기 손주들과 헤어지게 되었는데 할아버지로서 그래도 잘 가라는 인사 정도는 하게 했어야지, 섭섭하게 이런 식으로 가 버리면 어쩌느냐는 것입니다.

라반의 말도 표면적으로는 일리가 있습니다. 하지만 야곱은 라반을 20년간 겪어 본 사람입니다. 그의 말에 진심은 조금도 없다는 것을 누구보다 잘 알고 있었습니다. 라반의 그 말은 그저 야곱을 잡으러 오기 위한 하나의 구실일 뿐입니다. 위선으로 치장한 거짓이었습니다. 사실 라반에게는 야곱의 뒤를 좇은 또 다른 목적이 있었습니다. 바로 자기 집안의 수호신 드라빔 때문이었습니다. 라반은 야곱에게 본색을 드러내며 가려면 그냥 갈 것이지 왜 드라빔을 훔쳐갔느냐고 따집니다. 야곱은 외삼촌이 자신의 아내들을 억지로 빼앗아 갈까 봐 두려워서 그랬다고 솔직하게 말하면서, 다음과 같이 말합니다.

> 외삼촌의 신을 누구에게서 찾든지 그는 살지 못할 것이요 우리 형제들 앞에서 무엇이든지 외삼촌의 것이 발견되거든 외삼촌에게로 가져가소서 하니 야곱은 라헬이 그것을 도둑질한 줄을 알지 못함이었더라 창 31:32

야곱은 사랑하는 아내 라헬이 드라빔을 도둑질한 사실을 전혀 알지 못했습니다. 자기 식구 중에는 그것을 훔친 자가 아무도 없다고 굳게 믿고 있었습니다. 그래서 당당했습니다. 결국 외삼촌에게 그 드라빔을 훔친 자는 죽을 것이라고 단호하게 말합니다(이 표현은 복음을 이해하는 데 아주 중요하므로 뒤에서 자세히 설명하겠습니다). 그 말에 라반은 야곱의 모든 장막을 뒤지기 시작합니다. 그때 드라빔을 훔친 장본인인 라헬이 어떻게 행동했습니까?

> 라헬이 그 드라빔을 가져 낙타 안장 아래에 넣고 그 위에 앉은지라 라반이 그 장막에서 찾다가 찾아내지 못하매 창 31:34

라헬은 드라빔을 낙타 안장 아래에 숨겨 놓고 그 위에 앉았습니다. 그리고 꾀를 냅니다. 아버지가 왔지만 마침 자신이 생리 중이라 일어나서 맞이할 수가 없으니 이해해 달라고 합니다. 당시 여인의 생리는 부정한 것으로 여겨져 그 기간에는 아무도 가까이 가지 않았고, 또한 수호신을 깔고 앉았을 거라고는 전혀 예상하지 못했기 때문에 라반도 라헬의 주변은 조사하지 않고 그냥 넘어간 것 같습니다. 드라빔을 찾느라 난리를 피우고 있는 상황에서도 라헬은 낙타 위에 가만히 앉아 있었습니다. 결국 라반은 그곳을 이 잡듯이 다 뒤졌지만 헛수고일 뿐이었습니다.

이로써 라헬의 작전이 성공합니다. 아니, 성공한 것처럼 보입니다. 왜냐하면 자신이 저지른 죄, 도둑질에 대한 처벌은 피했기 때문입니다. 그런데 한 가지 걸리는 것이 있습니다. 야곱이 라반에게 한 말 때문입니다. 야곱은 라반에게 "외삼촌의 신을 도둑질한 사람은 절대로 살지 못할 것입니다. 그는 반드시 죽을 것입니다" 하고 말했습니다.

야곱은 아브라함과 이삭의 뒤를 잇는 이스라엘의 족장 중 한 사람입니다. 하나님은 아브라함에게 "너를 축복하는 자에게는 내가 복을 내리고 너를 저주하는 자에게는 내가 저주하리니"(창 12:3)라고 말씀하셨습니다. 족장의 축복과 저주는 하나님이 그들에게 약속하신 것이었습니다. 그리고 하나님께서는 이미 벧엘에서 아브라함과 이삭의 하나님이 너의 하나님이 될 것이라고 야곱에게 약속하신 바 있습니다. 그러니 아브라함에게 하신 족장의 축복과 저주의 약속은 야곱에게도 적용됩니다. 야곱이 말하는 축복과 저주에는 하나님의 약속과 권세가 담겨 있게 된 것입니다. 그런데 야곱이 라헬이 한 행동을 추호도 생각지 못한 채 드라빔을 훔친 자는 반드시 죽게 될 것이라고 강한 저주를 선포했습니다.

이 말의 의미를 이해하기 위해서 우리는 한 단어를 아주 주의 깊게 살펴봐야 합니다. 바로 '라헬'이라는 이름입니다. 저는 이 이름에 담겨 있는 놀라운 의미에 대해서 설명해 보고자 합니다. 왜냐하면 하나님은 복음이라고 불리는 영광스러운 보화에 대한 중요한 단서를 구약 성경에 두는 것을 좋아하시기 때문입니다. 물론 그 단서들은 장차 오실 예수님에 대하여 상징적으로 말씀해 주시는 것들입니다.[46]

히브리어로 '라헬'은 '암양(female sheep, ewe)'이라는 뜻입니다. 구약에서 보통 사용되는 암양이라는 뜻의 히브리어는 캅사(kabsah), 킵

사(kibsah), 아쉬테라(ashterah) 등 여러 단어가 있는데, 구약에서 약 스무 번 정도 등장합니다. 그러나 암양을 라헬로 표현하는 구절은 아주 특별하게 네 곳뿐입니다. 하나님께서 우리에게 무엇인가를 가르쳐 주시기 위해서 이 단어를 의도적으로 쓰고 있다는 것을 알 수 있습니다.[47]

흥미로운 것은 암양 라헬과 야곱의 아내 라헬이 성경에서 어떤 의미를 가지고 야곱의 이야기 속에 펼쳐지는가 하는 것입니다. 라헬이라고 하는 이 여인이 아버지의 드라빔을 훔쳤습니다. 야곱은 이것을 도적질한 사람은 반드시 죽을 것이라고 말했습니다. 그러고 나서 바로 야곱과 라반의 대화 중에 이 암양을 말하는 라헬이라는 단어가 나옵니다.

> 내가 이 이십 년을 외삼촌과 함께 하였거니와 외삼촌의 암양들이나 암염소들이 낙태하지 아니하였고 또 외삼촌의 양 떼의 숫양을 내가 먹지 아니하였으며 창 31:38

야곱은 양을 잘 친 사람이었습니다. 동물들이 새끼를 낳을 때 위험한 순간이 많지만, 그가 양을 치는 동안에는 암양들이나 암염소들이 단 한 마리도 새끼를 낳다가 죽은 적이 없다고 말하고 있습니다. 여기서 야곱은 '암양들'을 말할 때 라헬이라는 단어를 사용해 이야기를 강조하고 있습니다. 그런데 시간이 지나 야곱의 식구들이 얍복강을 건너 아버지 집으로 돌아가는 중에 사랑하는 아내 라헬이 요셉의 동생이자 그녀의 둘째 아들 베냐민을 낳으면서 심한 고통 중에 난산을 하게 되고, 결국 죽음을 맞이합니다(창 35:16-18). 과연 야곱의 선포 이후에 라헬이 죽는 이 사건이 우연으로 보입니까? 결코 우연이 아닙니다. 야곱이 20년간 돌보던 라반의 암양들, 라헬들은 지금까지 새끼를 낳다가 단 한 마리도 죽은 적이 없었는지 몰라도 그의 아내 라헬은 아이를 낳다가 남편의 품 안에서 죽어 갔습니다.[48] 이 놀라운 비교 속에 담겨 있는 상징적 의미가 보입니까? 하나님은 이 라헬의 이야기를 통해서 우리에게 기독교 신앙의 핵심인 복음을 풀어 내고 계십니다. 야곱은 라헬이 지은 죄를 몰랐습니다. 그러나 하나님은 다 알고 계셨습니다. '훔친 자는 정녕 죽으리라'고 했던 야곱의 말이 실제가 되게 하셨습니다. 라헬은 죄를 지었고, 그 죄 때문에 죽음을 피할 수 없었던 것입니다. 이것이 복음을 이해하는 첫 열쇠입니다.[49]

라헬을 통해서 하나님께서 우리에게 말씀하시는 첫 번째 메시지는 죄인은 반드시 죽는다는 것입니다. 죄인은 반드시 하나님의 심판을 받습니다. 라헬은 자신의 죄를 사람들 앞에서는 감추었지만 하나님 앞에서는 감출 수가 없었습니다. 우리에게도 각자 드러나지 않은 죄가 있습니다. 마치 라헬이 안장에 드라빔을 깔고 앉은 것처럼 우리도 자신만의 안장에 깔고 앉은 죄악들이 있을 것입니다. 배우자도, 가족도, 주변 사람들도 아무도 모르게 죄를 깔고 앉았을지라도 하나님은 그 죄를 다 알고 계십니다. 하나님의 말씀에 따르면 그 죄의 값은 사망입니다(롬 6:23). 사람이 한 번 죽는 것은 정한 이치요, 그 후에는 심판이 있습니다(히 9:27). 이것이 복음의 시작입니다.

라헬이 베냐민을 낳다가 죽은 이 사건은 죄인들에게 임하는 하나님의 심판을 의미하고 있습니다. 성경은 라헬이 구원을 받지 못했다고 말하려는 것이 아닙니다. 우리가 죄인이라면 죽음과 심판은 절대로 피할 수 없음을 말하고 있습니다. 하나님의 약속은 반드시 이루어지기 때문입니다. 야곱이 모든 암양은 지켰을지라도 죄인은 지킬 수가 없습니다. 성경이 말하는 것이 바로 이것입니다. 자신이 지은 죄로 인해 죽음을 맞이한 라헬에 대해서 상징적으로 이 메시지를 전하고 있는 것입니다. 야곱도 예외는 아닙니다. 우리도 마찬가지입니다. 죄가 있다면 반드시 죽습니다. 그리고 의로운 하나님 앞에서 모든 죄는 심판을 받게 된다는 사실을 기억하기 바랍니다.

우리 죄를 위해 대속물이 필요합니다

암양으로서 라헬이라는 단어의 첫 번째 사용이 죄로 인한 죽음을 설명했다면, 두 번째 사용은 보다 긍정적인 의미로 표현되고 있습니다.[50] 창세기 32장에 라헬이 죽기 전, 야곱이 외삼촌 집을 떠나 고향으로 돌아갈 때의 일입니다. 아버지의 집으로 돌아가려면 야곱이 반드시 맞닥뜨려야 하는 사람이 있습니다. 바로 형 에서입니다. 이미 에서는 400여 명의 장정을 데리고 야곱을 만나러 오고 있는 중입니다. 야곱은 그것이 두려워 견딜 수가 없었습니다. 그래서 하나님께 이렇게 고백합니다.

> 내가 주께 간구하오니 내 형의 손에서, 에서의 손에서 나를 건져 내시옵소
> 서 내가 그를 두려워함은 그가 와서 나와 내 처자들을 칠까 겁이 나기 때문
> 이니이다 창 32:11

20년의 세월이 지났지만 자신을 죽이려던 형을 다시 만난다는
것은 여전히 두렵고 떨리는 일이었습니다. 야곱은 지난날 형에게
저지른 잘못이 있으니 제 발이 저렸습니다. 형의 분노를 이제는 이
해할 수 있기 때문입니다. 야곱은 아직도 형의 마음이 풀리지 않
았을까 봐 걱정이 됩니다. 부자가 되어 금의환향하고 싶은데, 형을
생각하면 고향으로 향하는 발걸음이 너무도 무겁고 고통스럽습니
다. 더군다나 이제는 가족이 있습니다. 자신만 위험한 것이 아니라
사랑하는 가족이 다칠까 봐 겁이 납니다. 그가 고향으로 돌아가려
면 형과의 문제를 반드시 해결해야 합니다. 그는 라반의 추격에 이
어 또다시 삶과 죽음의 경계선에 서 있습니다. 이 두려움 앞에서
야곱은 하나님께 살려 달라고 기도한 것입니다.

야곱은 생각합니다.

'나를 죽이려는 형의 그 오래된 분노를 어떻게 하면 누그러뜨릴
수 있을까?'

그때 야곱이 한 가지를 생각해 냅니다. 바로 형을 위한 예물을
준비하는 것입니다. 이것을 통해서 형의 마음을 조금이라도 달래

려고 합니다. 물질이 있는 곳에 마음이 있다는 말씀처럼, 선물을 준다는 것은 거기에 마음을 담겠다는 말입니다. 창세기 32장 20절에는 야곱이 예물로 형의 감정을 풀겠다고 하는 대목에서 히브리어 '카파르(kaphar)'를 사용하는데, 그것은 자신의 죄를 담당할 대속물(atonement)이라는 뜻입니다.[51] 야곱이 준비한 예물은 단순히 선물의 의미를 넘어 화해와 용서를 구하는 것이라고 할 수 있습니다.

그런데 그가 형을 위해 준비한 예물의 규모가 엄청납니다. 암염소가 200이요, 숫염소가 20이요, 암양이 200이요, 숫양이 20이요, 젖이 나오는 낙타 30과 그 새끼, 암소가 40, 황소가 10, 암나귀가 20, 그 새끼 나귀가 10, 모두 합해 550마리의 가축을 준비합니다(창 32:14-15). 여기서 '암양 200마리'를 말할 때 일반적으로 암양을 뜻하는 히브리어 단어 대신 특별하게 라헬이라는 단어를 쓰고 있습니다. 이 라헬은 놀라운 의미를 가지고 있습니다. 야곱의 아내 라헬은 죄를 지었고 반드시 죽습니다. 그러나 하나님은 자신의 죄 때문에 죽어야 하는 라헬과 같은 죄인들을 위하여 대신 죽어 줄 또 다른 라헬(두 번째 라헬: 암양)인 대속물을 은혜로 공급하실 것이라는 가능성을 암시하고 있습니다.[52]

야곱이 이 가축을 준비하는 목적은 딱 하나입니다. 이 선물을 형에게 주면 자신을 죽이려고 했던 분노가 조금이라도 풀리지 않을까 하는 기대 때문입니다. 그는 에서를 만나기 전에 종들을 두 편으로 나누어 이 가축들을 데리고 앞서가도록 합니다. 혹시 에서가 와서 이것이 무엇이냐고 물으면 야곱이 보냈다고 하라고 시킵니다. 그리고 형의 마음을 달래기 위해 준비한 예물 중에 암양, 즉 라헬이 있습니다.

이처럼 성경에 나타난 라헬의 두 번째 의미는 형의 분노를 풀어 줄 예물, 즉 대속물입니다. 이것이 중요한 이유가 있습니다. 죄인인 우리는 하나님의 진노 아래에 있습니다. 죽을 수밖에 없는 죄인들이 살기 위해서는 하나님의 진노를 풀어 드릴 예물이 필요합니다. 성경은 그 예물을 '대속물'이라고 말하고 있습니다. 야곱과 라헬의 이야기를 통해서 주님이 말씀하시는 두 번째 메시지는 바로 우리의 죄를 위한 대속물이 필요하다는 사실을 알려 주시는 것입니다.

우리는 다 죄인입니다. 그런데 죄인은 대속물이 없으면 죽습니다. 당신은 당신이 저지른 죗값을 대신 감당할 대속물이 있습니까? 성경의 복음은 그분이 바로 예수 그리스도이심을 알려 줍니다. 그분만이 우리의 유일한 대속물이 되십니다.

예수님이 죽으심으로 우리는 살 수 있습니다

마지막으로, 세 번째 라헬은 한참 뒤 이사야서 53장에서 등장합니다.

그가 찔림은 우리의 허물 때문이요 그가 상함은 우리의 죄악 때문이라 그가 징계를 받으므로 우리는 평화를 누리고 그가 채찍에 맞으므로 우리는 나음을 받았도다 우리는 다 양 같아서 그릇 행하여 각기 제 길로 갔거늘 여호와께서는 우리 모두의 죄악을 그에게 담당시키셨도다 그가 곤욕을 당하

여 괴로울 때에도 그의 입을 열지 아니하였음이여 마치 도수장으로 끌려
가는 어린 양과 털 깎는 자 앞에서 잠잠한 양 같이 그의 입을 열지 아니하
였도다 사 53:5-7

예수님이 오시기 대략 700년 전에 기록된 이사야의 이 말씀은
오실 예수 그리스도를 상징하고 있습니다. 여호와께서는 우리 모
두의 죄악을 그분에게 담당시켰다고 말씀하고 있습니다. 그리고
여기에서 "털 깎는 자 앞에서 잠잠한 양"이라는 표현에 암양을 뜻
하는 '라헬'이라는 단어를 의도적으로 썼습니다. 세 번째 라헬은
우리를 위해 고난받으시고, 우리 죄를 위하여 죽으신 예수 그리스
도라는 것을 구약은 설명하고 있는 것입니다.

죄를 감추고, 그 죄 때문에 죽어 가는 우리를 위해 흠이 없고 무
죄한 예수 그리스도가 완전한 대속물 라헬로 이 땅에 오셔서 십자
가에서 죽으심으로 우리를 살려 주셨습니다. 우리는 모두 죄 때문
에 죽을 라헬과 같은 사람입니다. 불행했던 라헬처럼 우리는 모두
동일한 죽음의 저주 아래 있습니다.[53] 죄의 값은 사망이라는 말씀
앞에서 우리는 심판을 기다리고 있는 자들입니다. 우리 모두는 죽
음의 두려움 앞에 서 있는 라헬이고 야곱입니다.

그런 우리에게 성경은 무엇을 말씀하고 있습니까? 죄로 인해 심
판과 저주 아래 있는 우리와 같은 라헬을 위해 하나님은 선물로 또
다른 라헬을 준비해 두셨다는 사실입니다. 그분이 바로 우리의 구
원자 예수 그리스도이십니다.

하나님은 죽음 안에
영원한 생명을 감추어 두셨고,
심판 안에 구원의 길을
예비해 두셨습니다.

바로 이것을 발견하는 것이
신앙이며,
이것을 알려 주는 것이
복음입니다.

그리스도께서 우리를 위하여 저주를 받은 바 되사 율법의 저주에서 우리를 속량하셨으니 기록된 바 나무에 달린 자마다 저주 아래에 있는 자라 하였음이라 갈 3:13

복음은 마태복음 1장에 기록된 예수님의 출생으로 시작하는 것만이 아닙니다. 하나님은 복음을 가리키는 수많은 단서를 구약 성경에 보화처럼 넣어 두셨습니다.[54] 구약 성경 안에도 우리의 희생제물로 오신 세 번째 라헬인 예수 그리스도로 말미암아 죄인인 우리가 살 수 있다는 것을 말해 주고 있습니다. 이것이 그리스도의 신령한 복입니다. 이것을 믿으면 우리는 죽음에서 생명으로 옮겨집니다. 놀랍게도 하나님은 죽음 안에 영원한 생명을 감추어 두셨고, 심판 안에 구원의 길을 예비해 두셨습니다. 바로 이것을 발견하는 것이 신앙이며, 이것을 알려 주는 것이 복음입니다.

더욱 놀라운 것은 하나님의 진노를 달래 드릴 대속물이 필요한데, 그것을 우리가 준비해야 하는 것이 아니라 하나님이 스스로 우리를 위해 준비하셨다는 사실입니다. 하나님의 아들 예수 그리스도가 우리를 위해 친히 인간의 몸을 입고 이 땅에 오셔서, 기꺼이 그 모든 수모와 고난을 받으시며 대속물이 되어 주셨습니다. 자신이 죽는 것도 모르고 있는 라헬과 같은 우리를 위해서 하나님은 흠이 없고 완전한 라헬을 준비하셔서 우리를 사망에서 생명으로 옮겨 주셨습니다.

로마서 6장 23절에서 "죄의 삯은 사망"이라고 말합니다. 이것은 하나님의 약속입니다. 반드시 이루어집니다. 그러나 하나님이 마련하신 선물은 "그리스도 예수 우리 주 안에 있는 영생"이라고 설명합니다. 예수님은 이렇게 말씀하십니다.

> 내가 진실로 진실로 너희에게 이르노니 내 말을 듣고 또 나 보내신 이를 믿는 자는 영생을 얻었고 심판에 이르지 아니하나니 사망에서 생명으로 옮겼느니라 요 5:24

할렐루야! 예수 안에 있는 자는 천국에서 영원히 살 줄로 믿습니다. 바로 예수 그리스도 때문입니다. 하나님이 주신 이 엄청난 선물을 받아야 하지 않겠습니까? 누려야 하지 않겠습니까?

하나님께서는 예수를 믿는 자에게 아브라함의 복이 이방인에게까지 미치게 하고, 또 믿음으로 말미암아 성령님과 함께 동행하는 삶을 살게 하는 복을 주셨습니다. 우리가 이 복음을 믿는다면 어떻게 기쁘지 않을 수 있겠습니까? 그 은혜에 어찌 감격하지 않을 수 있겠습니까?

종종 자신은 구원의 감격이 없다고 하는 사람들이 있습니다. 없는 것이 아닙니다. 식은 것뿐입니다. 다시금 자신의 영혼에 불을 지필 때입니다. 꺼져 가는 불을 지피는 노력이 필요합니다. 말씀은 살아 있고 운동력이 있습니다. 그 말씀이 나를 깨우기를, 내 안에 다시 성령의 바람이 불기를 간구해야 합니다. 당신의 삶에서 날마다 이 구원의 감격이 살아 있기를 주의 이름으로 축복합니다.

골로새서에서 바울은 이렇게 말합니다.

이 비밀은 만세와 만대로부터 감추어졌던 것인데 이제는 그의 성도들에게 나타났고 하나님이 그들로 하여금 이 비밀의 영광이 이방인 가운데 얼마나 풍성한지를 알게 하려 하심이라 이 비밀은 너희 안에 계신 그리스도시니 곧 영광의 소망이니라 골 1:26-27

우리는 안장 밑에다 죄를 숨기고 깔고 앉은 죄인입니다. 죄는 하나님의 심판을 피할 길이 없습니다. 이것을 상징하는 것이 아이를 낳다가 죽은 라헬이었습니다. 이 죄인이 살려면 대속물이 필요합니다. 그 대속물이 암양 라헬입니다. 이 라헬은 장차 오실 예수님을 상징하고 있습니다. 그래서 예수님이 이사야 53장에 라헬로 오신 것입니다. 예수님이 직접 우리의 완전한 대속물이 되어 주셨습니다. 그 예수님이 죽으심으로 우리는 살 수 있습니다. 이것이 성경이 보여주는 야곱과 라헬의 결론입니다.

예수 그리스도만이 죄인에게 해답이며 소망입니다. 죄인은 예수를 만나야 삽니다. 이 복음을 야곱과 라헬의 이야기 속에 감추어 두신 하나님의 계획이 있었던 것입니다. 그 놀라운 비밀은 바로 예수 그리스도입니다. 이 비밀을 아는 자가 되길 바랍니다. 나누는 자가 되길 바랍니다. 그것이 신앙입니다.

우리는 이제 예수 그리스도를 통하여 죽음에서 생명으로 옮겨지는 은혜를 입었습니다. 예수님 때문에 산 것입니다. 우리를 위해 완전한 라헬로 오신 예수 그리스도를 찬양합니다. 그분을 믿음으로 평생토록 구원의 기쁨과 생명을 얻은 감격을 누리며 살아가게 되길 바랍니다. 우리 역시 바울의 고백처럼 모든 삶이 주님 때문에 사는 것이요, 내가 하는 모든 것이 바로 이 복음 때문에 하는 것이길 바랍니다. 날마다 이런 뜨거운 고백을 드리는 신앙생활이 되기를 진심으로 소망합니다.

Part 3.

은혜 입은 자,

은혜를 붙잡다

(7장) 은혜의 선택

창 32장

누구에게든지 가장 큰 문제는 바로 자기 자신입니다.
문제는 환경이나 어떤 장애나 대적들이 아닙니다.
문제는 자기 자신 안에 존재하고 있습니다.
그러므로 자신을 정복하는 것은
한 사람의 인생에서 가장 중요한 것을 정복하는 일입니다.
야곱의 출생과 삶과 죽음의 이야기는
결국 자기를 정복하는 것을 다루고 있을 뿐입니다.[55]
하나님은 야곱을 얍복강에서 기다리고 계셨습니다.

인생의 위대한 기적은 하나님이 우리에게 관심을 기울이신다는 것입니다. 아무도 하나님처럼 우리를 바라보는 분은 없습니다.[56) 거짓과 욕심으로 아버지와 형을 속인 야곱, 외삼촌 라반의 집에서도 속고 속이며 살아 왔던 구약의 탕자 야곱을 아직도 사랑으로 바라보시는 분은 하나님 아버지뿐입니다.

오랜 세월 동안 야곱의 마음을 지배하고 있는 한 단어가 있습니다. 그것은 '두려움'입니다. 빈손으로 왔다가 두 떼를 이루는 부자가 되었어도 두렵다는 그의 고백은 지금 자신의 모습을 그대로 드러내 보이고 있습니다. 그는 아버지 앞에서 거짓말을 했을 때 들키거나 저주를 받을까 두려웠고, 축복을 가로챘을 때는 형이 자신을 죽일까 두려워 외삼촌 집으로 도망쳤습니다. 다시 라반의 집을 몰래 떠난 뒤 추격을 당하는 순간에는 외삼촌이 자신의 가족을 빼앗을까 두려웠고, 고향으로 돌아가라는 하나님의 명령을 따라 나선 이 길에서는 다시 형을 만날까 봐 두려워하고 있습니다. 이토록 야곱의 마음속에는 20년 동안 그를 짓눌러 왔던 두려움이라는 단어가 존재하고 있었습니다.

지금 야곱은 에서를 만날 생각에 걱정이 떠나지 않습니다. 게다가 먼저 보낸 자들이 돌아와 이르기를 형이 400명의 장정을 거느리고 자신을 만나러 오고 있다는 말에 또다시 두려움이 몰려옵니다. 세월이 흘러도 이 두려움은 계속되고 있습니다.

그런데 한 가지 흥미로운 사실이 있습니다. 야곱을 지배하고 있던 두려움이라는 단어와 함께 그의 인생에서 또 하나의 단어가 등장하고 있습니다. 그것은 바로 '하나님의 은혜'입니다. 아버지를 속이고 도망가던 중 벧엘에서 잠들던 어느 날 하나님이 그의 꿈에 나타나십니다. 그리고 그에게 "네가 어디로 가든지 너를 지키며 너와 함께하겠다"고 약속하십니다. 죄송한 은혜, 즉 받을 자격 없는 자에게 베푸시는 은혜입니다. 이처럼 자신의 잘못과 죄로 인해서 도저히 하나님 앞에 나아갈 수 없는 그 순간에 하나님께서는 다가와 은혜를 베풀어 주십니다. 또한 외삼촌 라반이 분노 속에서 야곱을 추격해 올 때 하나님께서는 라반에게 나타나 선악 간에 따지지 말라고 경고하심으로 그가 야곱을 해칠 만한 능력이 있었지만 그렇게 하지 않도록 이끄십니다.

신기하지 않습니까? 살아가는 동안 내내 여러 문제로 두려움에 빠져 있는 그에게 하나님은 계속해서 함께하겠다고 말씀하십니다. 게다가 야곱의 이 두려움은 그를 기다리고 계신 하나님께 다가가게 하는 도구가 되어 주었습니다. 야곱의 마음은 두려움뿐인데 그의 인생에는 동시에 하나님의 은혜가 곳곳에서 나타나고 있다는 말입니다. 이것이 바로 하나님께서 여전히 야곱을 사랑으로 바라보고 계신다는 증거입니다.

그는 지금까지 두려움을 붙들고 온 인생이었습니다. 그런 그가 이제 고향으로 돌아가는 중입니다. 그리고 그는 자신의 인생에서 몇 가지 중요한 선택과 결단을 합니다. 그것이 무엇인지, 창세기 32장을 중심으로 살펴보겠습니다.

멈추어 홀로 남은 시간에 주님이 찾아오십니다

두려움과 은혜 속에 있던 야곱이 자신의 고향으로 돌아가는 길 위에 있습니다. 여기서 그는 어떤 일을 겪게 될까요?

> 야곱이 길을 가는데 하나님의 사자들이 그를 만난지라 창 32:1

32장의 시작부터 그는 하나님의 사자를 만납니다. 야곱에게 또 한 번의 은혜가 나타나는 순간입니다. 하나님의 사자는 그가 삼촌의 집으로 오기 전, 도피 중이었던 벧엘에서도 나타난 바 있습니다. 그런데 돌아가는 길에 또다시 하나님의 사자를 만납니다. 이것은 하나님께서 그의 여정 속에 매 순간 함께하셨다는 사실을 그에게 알려 주신 것입니다. 외롭고 힘들었던 벧엘에서 하나님을 만났듯이 형을 만나기 전 이 두려움의 자리에서도 하나님을 만나는 경험을 하게 하신 것입니다.

그는 자신이 하나님의 군대를 만났다고 해서 그곳 이름을 '마하나임'이라고 짓습니다. 그러나 야곱의 마음은 여전히 두려움과 불안으로 가득합니다. 400명의 장정을 이끌고 오는 에서를 만나기 직전입니다.

내가 주께 간구하오니 내 형의 손에서, 에서의 손에서 나를 건져 내시옵소서 내가 그를 두려워함은 그가 와서 나와 내 처자들을 칠까 겁이 나기 때문이니이다 창 32:11

지금 야곱은 기도하면서도 두려워하고 있습니다. 죄를 안고 사는 사람은 평생 두려움을 안고 살아가야 할지도 모릅니다. 야곱은 조금이라도 형의 마음을 풀어 보기 위해서 550마리에 달하는 엄청난 가축을 예물로 준비해서 보냅니다. 하지만 여전히 마음이 편치 않습니다. 두려움이 여전히 가시지 않는 것입니다. 그래서 밤에 일어나 종들과 가족을 인도하여 얍복 나루를 건너가게 합니다. 형에게 보낼 선물과 그의 가축과 모든 소유도 다 건너게 합니다. 그런 다음, 그는 한 가지 중요한 결정을 합니다.

야곱은 홀로 남았더니… 창 32:24a

그가 한 첫 번째 선택은 가족과 함께 가지 않는 것입니다. 거기에 혼자 남는 것입니다. 멈추어 서는 것입니다. 왜냐하면 그는 이 두려움의 문제를 해결하고 싶었기 때문입니다. 인생은 이렇게 사는 것이 아니라는 사실을 깨닫기 시작했기 때문입니다. 자신 안에 있는 이 두려움이 물질로는 절대로 해결할 수 없는 것임을 야곱은 이제야 안 것입니다. 이 문제를 직면하게 된 야곱은 어쩌면 하나님 앞에 혼자 있고 싶었는지도 모릅니다.

그는 지금까지 자기 욕심을 성취하기 위해 열심히 달려왔습니다. 남의 것을 빼앗고 속임수를 쓰면서 여기까지 왔습니다. 이번에도 머리를 써서 형만 잘 피하면 문제는 없었을 것입니다. 지금까지도 그렇게 살아왔는데 이 정도는 별로 어려운 일도 아닙니다. 야곱은 자신의 생각대로 더 걸어갈 수 있었습니다. 그러나 야곱은 그렇게 하지 않습니다. 이번에는 홀로 주님 앞에 서기로 결정합니다. 이제 더는 두려움 속에서 살고 싶지 않기 때문입니다.

그가 가장 원했던 것은 재물이 아니라 안식이었습니다. 마음의 평안을 얻고 싶었던 것입니다. 불안과 두려움은 우리 삶에서 많은 것을 무너뜨립니다. 봐야 할 것을 제대로 보지 못하게 만듭니다. 나아갈 수 있는 길을 회피하게 만들고, 할 수 있는 것들을 포기하게 만들며, 진실을 왜곡시켜 거짓을 말하게 만듭니다. 두려움은 우리 안에 쉴 곳을 빼앗아 참 평안을 잃게 합니다. 마크 부캐넌(Mark Buchanan)은 《열렬함》에서 이렇게 말합니다.

"사실, 우리는 돌연 심각한 위기 상황에 직면하지 않는 한, 하나님께서 우리 생활 속으로 돌진해 들어오시는 것을 원하지 않습니다. 우리는 하나님께서 호출할 때까지 천천히 배회하며 멀찍이 안전하게 거리를 유지해 주시기를 바라며 삽니다. 우리가 우리 자신에게 충실할 수 있도록 후원하면서 다만 멀리서 지켜보시기를 원합니다."[57]

저는 이것이 우리 인간의 본성이 아닌가 싶습니다. 그러나 야곱은 이제 알았습니다. 주님 앞에 나와야 쉴 수 있다는 것을 말입니다. 그래서 그는 가족과 함께 가는 것을 포기하고 홀로 남았습니다. 아마도 자신의 마음을 하나님 앞에 고백하고 싶었을 것입니다. 마음속에 남아 있던 20년의 지긋지긋한 죄책감과 더러운 삶을 주님께 쏟아 놓고 싶었을지도 모르겠습니다.

야곱에게는 고독의 시간이 필요했습니다. 자신이 누구인지, 어떤 모습인지를 마주하는 것을 이제는 더 이상 미룰 수 없었습니다. 야곱은 자신의 추한 모습 그대로 하나님께 나아가고 싶었던 것입니다. 그런데 그가 홀로 있을 때 또 한 번 놀라운 일이 일어납니다.

> 야곱은 홀로 남았더니 어떤 사람이 날이 새도록 야곱과 씨름하다가
>
> 창 32:24

야곱이 홀로 남았을 때 어떤 사람과 야곱은 날이 새도록 씨름을 합니다. 여기에서 '어떤 사람'은 신학자들 역시 하나님의 사자로 이해하고 있습니다. 하나님의 천사가 홀로 남아 있던 야곱에게 다가옵니다. 그리고 그와 씨름하기 시작합니다.

참 이상한 일입니다. 야곱이 살고 싶은 대로 살던 때가 아니라, 멈추어 홀로 남았던 바로 그 시간에 주님이 그에게 찾아오시더라는 것입니다. 홀로 남은 야곱은 생애 처음 스스로 하나님 앞에 서기로 결심했습니다. 이것은 남의 것을 빼앗으며 살던 야곱을 위대하게 만든 한 가지 사건이었습니다. 야곱이 어떤 사람, 즉 하나님

의 천사와 두려운 접촉을 할 수 있었던 선행 조건은 그가 혼자 있었다는 것입니다.[58] 야곱은 고독 가운데 있었습니다. 자기 삶을 혼잡하게 하던 모든 사람으로부터 떨어져 그는 혼자 남았습니다. 자기 삶에 실체와 중요성을 부여한 그 모든 것으로부터 떨어져서 혼자 남은 것입니다.[59]

성경이 보여 주려는 것은 분명합니다. 하나님은 야곱에게 고향으로 돌아가라고 하셨습니다. 그것은 아버지와 형을 만나기 위해서였습니다. 그러나 야곱은 두려움에 휩싸였습니다. 아니 하나님께서 야곱의 마음을 흔들고 계셨던 것입니다. 야곱은 에서로 살았던 자신의 삶을 이제 하나님 앞에 털어놓고 싶었습니다. 그리고 홀로 남았던 그 순간 바로 그 자리에 하나님이 천사를 보내셔서 야곱을 만나게 하십니다. 이것은 야곱의 인생에서 축복의 선택이었습니다. 나의 길을 멈출 때 주님이 오십니다. 이것이 본문에서 우리에게 주시는 첫 번째 메시지입니다.

구약 성경에 보면 유대인 출신인 에스더는 페르시아 대제국에서 이방인이지만 왕비로 채택됩니다. 그 당시에 아하수에로 왕의 부하였던 하만이 유대인들을 모두 죽이고자 할 때에 에스더의 사촌 오빠인 모르드개가 찾아와 그녀에게 이 민족을 구하라고 말합니다. 하나님이 왕비로서만 살라고 너를 그 자리에 올리신 것이 아니라, 죽음의 위험 앞에 있는 민족을 살리기 위해서일지 어찌 알겠느냐는 것입니다. 편안하게 왕비로만 사는 삶을 중단하고, 하나님을 믿는 사람으로서 결단하라는 뜻입니다. 그 말을 듣고 에스더는 자신이 살던 모든 방식을 멈춥니다. 왕비로서 누릴 수 있는 삶을 멈추고 "죽으면 죽으리라" 외치며 왕 앞으로 나아갑니다. 그때 주님이 도우십니다.

우리도 그리스도인답게 살기 위해서는 그동안 익숙하게 살아온 삶을 멈추어야 합니다. 그냥 아버지로만 살면 안 됩니다. 그냥 어머니로만 살면 안 됩니다. 이제는 그리스도인다운 아버지, 그리스도인다운 어머니로 살아야 합니다. 학교에서, 직장에서, 삶의 자리에서 잠시 멈추어 보십시오. 그리고 '내가 진짜 예수 믿는 사람처럼 일하고 있는가? 예수 믿는 사람답게 살아가고 있는가?' 생각해 보십시오. 우리가 멈추면 주님이 찾아오십니다.

기도가 터지면 주님이 져 주십니다

이렇게 야곱이 홀로 남아 멈추었을 때, 주의 사자가 와서 야곱과 씨름을 시작합니다. 그때 야곱은 또 하나의 선택을 합니다. 그것은 하나님의 천사, 즉 하나님을 붙들고 놓지 않기로 한 것입니다.

> 자기가 야곱을 이기지 못함을 보고 그가 야곱의 허벅지 관절을 치매 야곱의 허벅지 관절이 그 사람과 씨름할 때에 어긋났더라 그가 이르되 날이 새려 하니 나로 가게 하라 야곱이 이르되 당신이 내게 축복하지 아니하면 가게 하지 아니하겠나이다 창 32:25-26

야곱은 전심으로 하나님께 매달렸습니다. 그는 자신의 머리로는 더 이상 살 수 없다는 절박함 속에 있었습니다. 남의 것을 빼앗은 것이 영원한 축복이 될 수 없음을 철저히 깨달았기 때문입니다. 야곱은 천사를 붙들었습니다. 하나님을 붙든 것입니다. 그분만이 복의 주인이심을 오랜 세월 동안 온몸으로 배웠기 때문입니다. 자신에게 축복하지 않으면 보낼 수 없다고 하나님을 붙든 채 소리치고 있습니다.

이처럼 야곱은 언제나 하나님을 향한 열정이 있었습니다. 영적인 나태와 무관심의 전형 같았던 에서와는 달랐습니다. 지금 야곱이 구하는 복이 무엇입니까? 돈이 아닙니다. 더 부자가 되고 싶은 것이 아닙니다. 그는 지금 하나님께 매달리며 구하고 있습니다.

"하나님, 저를 좀 진실한 사람이 되게 해 주십시오."

오직 이 한 가지, 진실하게 사는 복을 구하고 있습니다. 그래야만 두려움을 넘어 참된 평안을 누릴 수 있음을 알아차렸기 때문입니다.

그런데 여기에서 의아하게 여겨질 수 있는 것은, 이 싸움의 현장을 볼 때 하나님의 전능하심과 연약한 인간이 가진 힘 사이에서 우리가 생각하는 상식이 깨지고 있다는 것입니다. 25절에 보면, 하나님의 사자 즉 하나님이 야곱과 씨름을 하는데 "자기가 야곱을 이기지 못함을 보고"라고 표현하고 있습니다. 전능하신 하나님이 인간을 이길 수 없는 상황으로 묘사합니다. 그동안 우리가 알고 있는 하나님은 말씀 한 마디로 모든 것을 다 이루시고 사람을 심판까지 하실 수 있는 분인데, 이 장면만 놓고 보면 전능하신 하나님이 인간 앞에서 힘없이 지는 것처럼 보입니다.

하나님이 이기지 못한다는 이 표현에는 적어도 두 가지 의미가 있습니다. 첫째, 이것은 하나님께서 야곱을 고치시기로 결심하셨다는 뜻입니다. 지금 야곱은 씨름하는 하나님의 사자를 온 힘을 다해 붙들고 있습니다. 하나님은 야곱을 붙드셨을 때 이 사실을 아셨습니다. 야곱이 적당히 붙들지 않은 것입니다. 건성건성 잡고 있거나 형식적으로 어쩔 수 없이 붙든 것이 아니었습니다. 하나님께서 나를 도와주시지 않으면, 내 문제를 해결해 주시지 않으면, 나를 새롭게 만들어 주시지 않으면 절대 놓지 않겠다고 전심으로 매달렸다는 말입니다. 하나님께서는 야곱의 이 각오와 마음을 아셨습니다. 그래서 얼마든지 야곱을 이길 수 있지만 그의 마음을 보시고 그 간절함에 응답하시고자, 그를 고치시고자 졌다고 하셨습니다.

둘째, 하나님은 진심으로 찾는 자에게 언제나 져 주십니다. 사실 지금 이 싸움에서 진짜 진 쪽이 누구입니까? 야곱입니다. 하나님이 야곱의 허벅지 관절을 치니 그의 뼈가 어긋나게 되었다고 했습니다. 그것은 다리를 절어야 할 만큼 엄청난 고통이었습니다. 한마디로 이 게임은 야곱이 깨끗하게 졌다고 할 수 있습니다. 하지만 더 이상 싸울 수 없는 그런 상황에서도 야곱은 하나님을 놓지 않았습니다. 다리를 절면서도, 고통을 느끼면서도 야곱은 하나님을 붙들고 놓지 않았습니다. 여기에서 성경은 하나님이 졌다고 표현했습니다. 하나님은 이렇게 진심으로 찾는 자에게 져 주시는 분이라는 것입니다.

신앙의 길은
남을 이기는 것이 아니라
내가 죽는 것이고
자신을 정복하는 것입니다.
이것이 믿음의 승리입니다.

야곱은 얍복강에서 배운 것이 있습니다. 믿음은 하나님과의 씨름입니다.[60] 신앙의 길은 남을 이기는 것이 아니라 내가 죽는 것이고 자신을 정복하는 것입니다. 이것이 믿음의 승리입니다. 이렇게 천사를 붙들었던 야곱은 뭐라고 소리쳤을까요? 당신은 이토록 인생이 힘들고 아픈 순간에 누구의 이름을 부릅니까? 야곱은 그 어느 때보다도 간절히, 그리고 소리 높여 "주여!"라고 외치지 않았을까요? 이렇게 하나님은 야곱을 스스로 주님의 이름을 부를 수 있는 자리까지 이끌어 내십니다. 그가 주님을 찾게 만드신 것입니다. 우리가 주님의 이름을 부르면 주님은 기꺼이 져 주십니다.

야곱의 허벅지 관절을 치셨다는 것은 그동안 육적으로 해 왔던 것을 완전히 꺾으셨다는 뜻입니다. 그의 뼈를 위골시키면서까지 그의 입에서, 그의 가슴에서, 그의 영혼에서 주님을 외치지 않으면 살 수 없도록 만들어 놓으신 것입니다. 저는 이것을 기도가 터지게 만드셨다고 표현하고 싶습니다. 우리의 기도가 터지게 되면 주님이 져 주십니다. 이것이 바로 '이기지 못함을 안다'는 또 하나의 의미입니다. 우리의 기도가 언제 터집니까? 모든 일이 잘될 때에는 잘 터지지 않습니다. 내 인생이 답답할 때, 고난 중에 있을 때 터집니다. 하나님께서는 우리의 기도가 살아 있기를 바라십니다. 그 이름을 외치며 부르짖기를 원하십니다. 하나님은 기도가 터지는 영혼들을 위하여 얼마든지 져 주시고, 또 져 주십니다. 이것이 창세기 32장을 통해 보여 주시는 두 번째 메시지입니다.

하나님이 못 고치실 인생은 없습니다

하나님은 우리 인생을 만져 주심으로 새롭게 하십니다. 이것이 진실한 기도에 베푸시는 은총입니다. 야곱은 이제 과거 야곱처럼 살고 싶지 않았습니다. 야곱이 원했던 축복은 더 이상 재물이 아니었습니다. 그는 하나님께 "주님, 저를 고쳐 주십시오" 하고 기도했습니다. 그가 간절히 원했던 것은 변화였습니다. 새사람으로 살고 싶었습니다.

저는 이 본문 말씀을 하나님의 마음으로 다시 읽어 보았습니다. 야곱을 향한 하나님의 마음이 어떠셨을까요? 20년 동안 제멋대로 살던 야곱, 그가 얍복강에 홀로 남아 하나님을 붙들고 있습니다. 그리고 뼈가 위골될 정도로 다쳤으면서도, 새로운 인생을 살고 싶어 온 힘을 다해 매달리고 매달리며 간절히 부르짖고 있습니다. 그런 그에게 주님이 말씀하십니다.

"그래, 네가 이겼다."

하나님이 야곱에게 져 주셨습니다. 그 순간 누구 마음이 더 뜨거웠을까요? 야곱이었을까요, 그를 껴안아 주시는 하나님이었을까요? 제 생각에는 하나님의 마음이 아니었을까 싶습니다. "야곱아, 네가 정녕 나에게로 돌아왔구나! 네가 진심으로 나를 붙들었구나" 하시며 그를 더없이 기쁘게 맞아 주셨을 것입니다. 오랜 세월 야곱을 짓누르고 있었던 두려움, 죄책감, 그의 인생을 꼭 안아 주셨을 것입니다.

오라 우리가 여호와께로 돌아가자 여호와께서 우리를 찢으셨으나 도로 낫 게 하실 것이요 우리를 치셨으나 싸매어 주실 것임이라 호 6:1

하나님이 안아 주실 때, 우리는 말할 수 없는 평안을 얻게 됩니 다. 철저하게 무너지고 깨어졌던 인생이라 할지라도 주님이 만지 시면 다시 회복할 수 있습니다. 하나님의 그 특별한 만지심에 대해 서는 성경이 여러 곳에서 분명하게 밝히고 있습니다.

하나님이 야곱의 허벅지 관절을 '치셨다'라는 표현은 히브리어 로 '나가(naga)'라는 동사입니다. 영어 성경은 이 동사를 번역할 때 '때리다(hit)'와 함께 '만지다(touch)'라는 단어를 사용합니다. 그것은 하나님이 얍복강에서 야곱의 인생을 '만져 주셨다'는 성서 원어의 의미를 지키기 위함일 것입니다. 특히 '나가'라는 히브리어 동사 는 사람이 주어일 때는 거의 쓰지 않고, 하나님이 주어일 때만 씁 니다. 사람이 주어일 때는 레위기에서처럼 '만지면 부정해진다'는 표현 등에만 사용됩니다. 반면 이 동사의 주어가 하나님일 때는 그 뒤에 반드시 어떤 변화가 일어납니다.

이 '나가'라는 단어는 열왕기상 19장에서도 등장합니다. 엘리야 가 로뎀 나무 아래에서 울다가 지쳐서 잠들었을 때 하나님께서 그 에게 천사를 보내셔서 먹을 것을 주시는데, 그때 천사가 엘리야를 어루만집니다. 그것도 두 번이나 연이어서 만져 줍니다. 여기에서 '어루만졌다'는 단어와 창세기 32장에서 야곱의 허벅지 관절이 어 긋날 정도로 '쳤다'는 뜻의 단어가 똑같이 '나가'입니다. 이처럼 야곱이 하나님을 붙들었을 때 하나님은 그를 만져 주셨습니다. 그의 깨어진 인생 전체를 안아 주신 것입니다. 이것이 성경이 보여 주고 있는 하나님의 은혜입니다. 하나님이 만지시면 그 사람의 인생에 변화가 일어납니다. 그 사람은 새로워집니다. 하나님이 고치시지 못할 인생은 하나도 없습니다. 오늘 우리에게도 하나님이 안아 주시는 은혜, 그 만지심의 은혜가 부어지기를 바랍니다.

내 죄를 인정할 때 새 인생을 주십니다

이제 하나님은 야곱에게 져 주시고, 그를 축복하기로 결정하십니다. 그런데 그것을 실행하시기 전에 아주 중요하고도 결정적인 질문을 그에게 던지십니다.

> 그 사람이 그에게 이르되 네 이름이 무엇이냐 그가 이르되 야곱이니이다
>
> 창 32:27

그 사람 즉 하나님의 사자라고 표현된 여호와께서 야곱을 축복하시기 전에 물어보십니다.

"네 이름이 무엇이냐?"

이것은 야곱이 20년 동안 피해 온 질문입니다. 또한 많은 사람이 일생 동안 회피하는 질문이기도 합니다.[61] 과연 이 질문을 받는 순간 야곱은 어떤 생각이 들었을까요? 아마도 깜짝 놀라지 않았을까요? 왜냐하면 어디서 많이 들어 본 질문이기 때문입니다. 야곱은

20년 전 자신이 에서처럼 분장을 한 뒤 어머니가 만들어 준 음식을 들고 형의 축복을 가로채기 위해서 아버지 앞에 나아갔던 때가 떠올랐을 것입니다. 그때 아버지 이삭도 그에게 이렇게 물었습니다.

"네가 누구냐?"

야곱은 하나님의 질문을 받으면서 그때 아버지가 자신에게 했던 질문이 바로 하나님께서 하신 질문이었다는 사실을 이제야 알게 됩니다. 만약 그때 하나님이 말씀하신 것인 줄 알았다면 야곱은 20년 전에 멈춰 섰을 것입니다. 하지만 그것을 모르고 지금까지 왔습니다. 만약 그때 그 질문들이 하나님께서 아버지 이삭을 통해서 하시는 말씀인 줄 알았더라면 얼마나 좋았을까요?

어디서 어떤 일을 하든지, 누구를 만나든지 하나님은 사람들을 통해 말씀하실 때가 있습니다. 주님이 멈추라고, 그렇게 살지 말라고 말씀하실 때가 있습니다. 부디 그때 깨닫기를 바랍니다. 너무 늦지 않게 멈추기를 바랍니다. 인생에서 20년이라는 시간은 돌아가기엔 너무도 길고 아까운 날들입니다.

이삭은 야곱과 에서를 분별하지 못하고 축복해 주었습니다. 그러나 하나님은 정확히 아십니다. 그가 누군지 너무나 분명하게 알고 계십니다. 축복이 끝난 다음에도 이삭은 끝까지 질문합니다. "네가 참으로 내 아들 에서냐?" 하고 말입니다. 그때 야곱은 끝까지 이렇게 대답했습니다.

"예, 제가 에서입니다."

야곱은 지금껏 이런 인생을 살아왔던 것입니다. 그리고 그 대답을 한 지 20년이 지난 후, 야곱은 하나님으로부터 그때와 똑같은 질문을 받습니다. 하나님은 얍복강에서 야곱을 축복하시기 전 이 삭과 똑같이 그에게 물어보십니다.

"네 이름이 무엇이냐?"

저는 그 순간 야곱의 마음이 어떠했을지 짐작해 봅니다. 얼마나 부끄러웠을까요? 얼마나 후회스러웠을까요? 아마도 가슴을 치며 통회의 눈물을 흘리지 않았을까요? 그날 하나님과 야곱의 대화를 한번 상상해 봅시다.

"하나님, 저 역시 이날을 기다려 왔습니다. 누군가에게 고백하고 싶었습니다."

"야곱아, 내가 너를 기다려 왔다. 네가 이 자리에 서기를 20년이 넘도록 기다리고 있었다."

"하나님, 그동안 제가 잘못 살았습니다. 저도 제가 어떤 놈인지 하나님 앞에 고백하고 싶었는데 물어봐 주셔서 정말 감사합니다. 저는 야곱입니다. 남의 것을 빼앗는 놈, 남의 것을 가로채는 놈, 더 럽고 나쁜 놈 야곱입니다."

야곱에게 그 밤은 그동안 속이고 빼앗고 불안하고 서러웠던 세 월을 주님 앞에 토하던 밤이었습니다. 남을 이기고 정복하려 하 던 야곱이 자신의 거짓을 정복하던 날이었습니다. 내가 누구인가 를 고백하는 곳이 바로 '내가 죽고 그리스도가 사시는' 자리가 됩 니다.

그는 이제 자신을 에서라고 하지 않습니다. 야곱이라고 대답합니다. 자신의 모습을 있는 그대로 하나님 앞에 내어놓고, 자신이 누구인지를 인정하고 있습니다. 그런 그에게 하나님은 놀랍게도 새로운 이름을 주십니다.

> 그가 이르되 네 이름을 다시는 야곱이라 부를 것이 아니요 이스라엘이라 부를 것이니 이는 네가 하나님과 및 사람들과 겨루어 이겼음이니라 창 32:28

하나님께서는 야곱에게 이스라엘이라는 새 이름을 주셨습니다. 더 이상 남의 것을 빼앗는 자, 가로채는 자 야곱이 아니라 '너는 나의 백성이다'라는 뜻의 '이스라엘'이라 불러 주십니다. 이름은 그 사람이 누구인지를 말해 줍니다. 사람들이 개명하는 이유는 새로운 인생을 살고 싶어서입니다. 야곱 역시 이제부터 새롭게 태어나는 것입니다.

하나님의 은혜와 축복은 자신이 어떤 사람인지를 고백하는 이에게 부어집니다. 속이는 자에게는 오지 않습니다. 하나님은 에서인 척하는 야곱에게는 그 어떤 은혜나 축복도 주고 싶지 않으셨습니다. 자신을 야곱이라고 인정하는 그에게 용서와 은혜의 축복을 허락하셨습니다. 야곱은 하나님의 질문 앞에서 다시는 에서라고 말하지 않습니다. 정직하게 자신의 모습을 고백하기로 선택합니다.

오늘 주님께서는 우리에게도 물어보십니다.

"너의 이름이 무엇이냐?"

내 죄를 고백할 때

하나님은 은혜로

나를 덮어 주십니다.

잠시 잠깐이 아니라

내 인생 전체를

덮어 주십니다.

이 물음에 우리도 이렇게 고백해야 하지 않을까요?

"저는 제멋대로 살고 있는 야곱입니다. 하나님을 믿는다고 하면서도 하나님의 자녀답게 살지 못하는 어리석은 야곱입니다."

우리가 이렇게 고백할 때 하나님이 야곱에게 새 이름을 주신 것처럼, 우리를 용서하시고 새롭게 하시는 은혜를 부어 주실 줄 믿습니다. "네 이름을 다시는 야곱이라 부를 것이 아니요 이스라엘이라 부를 것이니" 하신 것처럼 우리를 다시 새롭게 만들어 주실 것입니다. 이처럼 내 죄를 고백할 때 하나님은 은혜로 나를 덮어 주십니다. 잠시 잠깐이 아니라 내 인생 전체를 덮어 주시는 것입니다. 이것이 얍복강 사건에 나타난 마지막 교훈입니다.

신앙의 여정은 탕자의 귀향길입니다

야곱은 천사와 씨름했던 그곳을 '브니엘', 즉 '하나님의 얼굴'이라고 명명합니다. 자신이 하나님을 대면하여 보았음을 알았습니다.

> 그가 브니엘을 지날 때에 해가 돋았고 그의 허벅다리로 말미암아 절었더라 창 32:31

인생에서 잊을 수 없는 특별한 밤을 보내고 난 뒤, 해가 돋았습니다. 관절이 위골되어 다리를 절며 걷고 있는데 날이 밝아 옵니다. 아침을 맞은 야곱의 마음은 지금 어떨까요? 여전히 두려울까요 아니면 평안할까요? 매일 맞이하던 날이었지만, 그날만큼은 눈에 들어온 모든 것이 새롭게 느껴지지 않았을까요? 어쩌면 어제와는 비교할 수 없는 날을 그의 인생에서 맞이하고 있었을 것입니다.

이 구절에는 의미심장한 상징적 메시지가 담겨 있습니다. 밤새 했던 씨름 때문에 다리를 다친 그는 절뚝거리며 걸어가고 있습니다. 이것은 자신의 연약함이 드러나고 있다는 상징입니다. 그동안 자기 멋대로 살던 야곱이 이제는 자기 맘대로 걷지 못하게 되었습니다. 바울처럼 야곱의 몸에도 육체의 가시가 생긴 것입니다. 그러나 바울이 "내가 약한 그 때에 강함이라"(고후 12:10)고 고백했던 것처럼 약하기 때문에 더욱 주님을 의지하는 자로 살아갈 수 있게 되었습니다. 과거에 자신의 능력을 믿고 살아온 삶을 버리고 앞으로는 전적으로 하나님을 의지하며 살아가도록 만드셨습니다. 야곱은 평생 주를 의지하면서 사는 법을 여기서 배웁니다. 자신의 약함을 아는 자는 끝까지 주님을 의지할 것입니다. 이것이 32장의 마지막 장면입니다.

두 발로 자기 마음대로 달리던 야곱이 이제는 절뚝거리며 걷게 되었지만, 어찌 보면 그는 이제야 비로소 올바로 걷기 시작한 것일 수도 있습니다. 이런 연약함은 야곱에게 평생 무엇인가에 의지해야 한다는 것을 상기시켜 줄 것이기 때문입니다. 한 걸음 한 걸음 발을 뗄 때마다 그는 회고하게 될 것입니다. 자기 몸에 새겨진 이 표시를 통해 주님을 붙들게 될 것입니다.[62]

저는 야곱을 보면서 이 한 가지를 배웁니다. 모든 사람은 야곱처럼 결함을 가지고 살아갑니다. 온전하지 못한 부분이 많습니다. 그러나 그토록 연약한 우리에게 하나님은 끝까지 은혜를 베푸실 줄 믿습니다. 결국 야곱은 다리를 다쳤지만 모든 것을 가진 자로 걷고 있습니다.

성경의 변함없는 주제가 무엇입니까? 소망이 없는 자, 받을 자격이 없는 자에게 베풀어 주신 은혜가 끝이 없다는 것입니다. 이것이 복음입니다. 탕자가 아버지 집으로 돌아가기 전부터, 아들도 모르는 사이에 아버지는 이미 마음을 먹었습니다. 아들이 돌아오면 모든 것을 다 내어 주리라고 말이죠. 팀 켈러(Timothy J. Keller)의《탕부 하나님》(The Prodigal God)에 이 이야기가 소개되고 있습니다.

'방탕한'이라는 뜻의 영어 단어 'prodigal'에는 두 가지 다른 의미가 있습니다. 돌아온 탕자에게는 '방탕하다'는 의미로 쓰이지만, 그를 맞이하시는 아버지 하나님께는 탕자에게 '남은 것 없이 또다시 모두 내어 주시는'이라는 사랑의 표현으로, 전혀 다른 의미로 사용됩니다.[63] 이것이 복음의 중심이라는 것을 그는 설명하고 있습니다. 그 의미를 담아 한국어 번역으로는 책의 제목을《탕부 하나님》이라 붙였습니다. 이런 풍성한 사랑으로 기다리시는 분이 우리 하나님 아버지이십니다. 그리고 이 하나님을 아는 것이 바로 믿음의 길입니다.

우리 신앙 여정은 하나님께로 향하는 탕자의 귀향입니다. 그 길에서 우리는 하나님을 만나고 그분을 예배하며 그분과 교제를 누립니다. 예배는 주님 앞에 멈추어 서는 것입니다. 내가 가고 싶은 곳으로 계속 가는 것이 아닙니다. 얍복강의 야곱과 같이 하나님과의 만남은 신비로운 사귐이며 하나님과 인간의 교통입니다. 우리는 하나님과의 관계에서 사라지고 소멸되는 것이 아니라 그 어느 때보다 더욱 진정한 자신이 됩니다. 우리는 하나님과 서로 사랑하는 삶으로 인도함을 받습니다.[64]

첫째가 되고 싶었던 둘째 야곱, 20년 동안 에서로 살던 그를 하나님은 얍복강에서 기다리고 계셨습니다. 야곱의 선택은 홀로 남는 것이었습니다. 결국 얍복강에서 그의 연약함은 하늘을 향한 문이 되었습니다.[65] 드디어 멈춤이 시작되었고, 기도가 터지며, 야곱 자신이 누구인지를 받아들이는 회복의 문이 열리게 되었습니다. 자격이 없는 자인 내게 복을 주시는 것도 모자라, 나를 하나님의 가족으로 삼기 원하신다는 것, 이것이 성경의 큰 주제입니다. 이 은혜는 우리 모두에게 열려 있습니다. 이제 우리에게 필요한 것은 홀로 주님 앞에 서는 것입니다. 네 이름이 무엇이냐 물으실 때 내 마음대로 살아왔던 야곱이라고 솔직하게 고백해야 합니다. 그 자리, 그 시간이 우리의 얍복강 사건이 될 것입니다.

막혀 있던 기도가 다시 터지게 되길 바랍니다. 온 마음과 뜻과 힘을 모아서 하나님을 붙들고 씨름하기를 바랍니다. 우리가 씨름할 대상은 하나님이지 쓸데없는 감정과 생각이 아닙니다. 더 이상 이렇게 살지 않게 해 달라고, 나를 바꿔 달라고 부르짖게 되길 바랍니다. 그래서 하나님이 우리에게 "그래, 네가 이겼다"라고 말씀하시는 날이 오길 바랍니다. 나를 어루만져 주시며 일어나 다시 길을 걸어가라고 손을 내밀어 주시는 날이 되길 바랍니다. 동이 텄을 때 나에게도 새로운 삶이 시작될 수 있게 되기를 바랍니다. 이런 믿음의 체험이 이어지기를 기도합니다.

야곱과 하나님은 숨고 찾으시는 관계였습니다. 숨바꼭질은 한 사람이 찾고 모두가 숨습니다. 어려운 일은 술래가 되는 것입니다. 술래는 숨는 사람들이 달아나도록 허락해야 합니다. 술래는 자기를 따돌리는 사람들을 계속해서 찾아야 합니다. 자기를 낮추고 낮추어야 합니다. 아무도 술래가 되고 싶어 하지 않습니다.[66] 그래서 인간은 늘 숨기만을 좋아하고 하나님은 늘 술래가 되어 주십니다. 이제 야곱의 숨바꼭질이 끝나고 있습니다. 왜냐하면 하나님이 야곱과 우리를 계속해서 찾아와 주셨기 때문입니다. 그래서 우리 모두의 삶은 매일 하나님께로 돌아가고 있는 순례길입니다.

우리의 허물과는 상관없이 하나님은 끝까지 은혜를 베푸시는 분입니다. 그분은 우리에게 주실 구원의 선물을 가지고 여전히 우리를 기다리시고, 우리에게 져 주실 준비를 하시며, 우리 삶의 여정 속에서 함께 걸어가고 계시는 하나님 아버지라는 것을 기억하길 바랍니다.

우리 신앙 여정은

하나님께로 향하는

탕자의 귀향입니다.

8장 죄를 이기는 하나님의 사랑

내가 알고 있는 믿음의 사람들은 모두 죄인이며
의심하는 사람이며 변덕스럽게 행동하는 사람입니다.
그러나 우리가 안전할 수 있는 것은 우리 자신을 믿을 수 있기 때문이 아니라
하나님께서 우리를 믿어 주신다고 확신할 수 있기 때문입니다.[67]
변화되었지만 아직 다 바뀌지 않은 야곱,
그는 다리를 절며 걸어가는 순례자입니다.
그러나 혼자가 아니라 하나님이 함께 걷고 있다는 것이 소망입니다.

얍복강은 야곱에게 변화의 강이었습니다. 하나님 앞에 홀로 섰던 곳이고 자신이 누구인지 마음을 토했던 곳입니다. 그곳에서 야곱은 가장 뜨겁게 하나님을 붙들었습니다. 얍복강은 뒤틀려 있던 그의 삶을 하나님이 만져 주신 곳이고, 그의 이름을 이스라엘로 바꾸어 주신 변화의 자리였습니다. 잊을 수 없는 그 장소를 야곱은 브니엘, 즉 하나님의 얼굴이라고 불렀습니다.

얍복강에서의 일은 야곱에게 인생의 전환점이 되었습니다. 그날 밤, 야곱은 다리를 저는 약한 자(a cripple)가 됩니다. 이제부터 걸음걸음마다 자신의 연약함과 고통을 느끼며 걸어가야 합니다. 비록 평생 다리를 절어야 했지만 새벽 해가 돋을 때 오히려 야곱의 마음은 가벼웠을 것입니다.[68] 두려움보다는 하나님의 용서와 축복이 그의 마음을 다스리고 있었기 때문입니다.

고향으로 돌아가는 그 길은 자신의 계획이 아닌 하나님의 말씀을 따라가는 여정이었습니다. 새로운 마음으로 다시 길을 떠나는 야곱에게 어떤 미래가 기다리고 있을까요? 다리를 절며 걸어가는 그의 모습 속에는 양면적인 상징이 담겨 있습니다. 하나는 언제나 주님만을 의지하며 살아야 한다는 긍정적인 메시지입니다. 그리고 또 하나는 하나님의 은혜를 기억하며 걷는 순종의 걸음과 다시 자신의 감정이나 생각을 따라 걷는 방황의 걸음 사이에서 오는 불균형의 모습입니다. 이것은 비단 야곱의 걸음만이 아니라 우리 그리스도인들이 걸어가고 있는 신앙의 모습과도 같습니다. 마치 이스라엘이라는 이름을 주셨음에도 과거의 야곱처럼 살려는 우리의 속성이 여전히 살아 있는 것처럼 말입니다. 그래서 야곱의 이야기는 우리를 돌아보게 하는 날 선 검과 같은 메시지입니다. 이제 창세기 33장을 중심으로 얍복강 사건 이후 야곱의 삶을 살펴보겠습니다.

하나님은 원수의 마음도 만지십니다

야곱이 직면해야 할 첫 번째 관문은 형 에서와의 만남입니다. 고향으로 돌아가는 순종의 길에는 엉킨 실타래처럼 풀어야 할 만남이 기다리고 있습니다. 우리 인생이 그렇듯 은혜를 받았다고 문제가 사라지는 것은 아닙니다. 해결해야 할 일은 여전히 존재하기 마련입니다.

> 야곱이 눈을 들어 보니 에서가 사백 명의 장정을 거느리고 오고 있는지라 그의 자식들을 나누어 레아와 라헬과 두 여종에게 맡기고 여종들과 그들의 자식들은 앞에 두고 레아와 그의 자식들은 다음에 두고 라헬과 요셉은 뒤에 두고 창 33:1-2

에서가 400명의 장정을 거느리고 오고 있습니다. 그것을 보고 야곱은 자식들을 나누어 레아와 라헬과 두 여종에게 각각 맡깁니다. 이렇게 행동하는 것을 보니 야곱에게는 아직 형을 대면하는 것에 두려움이 남아 있는 것 같습니다. 자신이 가장 사랑하는 라헬과 요셉은 맨 뒤에 세워 놓습니다. 혹시 문제가 생기더라도 이 두 사람만은 피할 시간을 벌 수 있게 한 것이지요.

이렇게 마음에는 아직 두려움이 남아 있지만 3절을 보면 얍복강에서 천사와의 씨름 이후에 그래도 야곱에게 조금씩 변화된 모습이 보이기 시작합니다.

> 자기는 그들 앞에서 나아가되 몸을 일곱 번 땅에 굽히며 그의 형 에서에게 가까이 가니 창 33:3

여기에서 우리는 야곱의 두 가지 변화를 발견할 수 있습니다. 하나는 야곱이 앞장서 나아갔다는 것입니다. 사실 얍복강 사건이 있기 전까지 그는 언제나 뒤에서 움직였습니다. 32장에서는 자기 종들을 먼저 보내면서 형을 만나거든 야곱은 뒤에 있다고 말하라고 시켰습니다. 그런데 이번에 그는 뒤에 숨지 않고 맨 앞에 섰습니다. 은혜를 입고 나니 자신보다 다른 사람들을 생각하는 마음이 생겼나 봅니다.

사실 야곱의 이런 변화는 하나님이 먼저 일하신 결과였겠지요. 하나님은 두려워하던 야곱에게 먼저 하나님과 바른 관계를 맺게 하신 후 형과 대면하게 하셨습니다. 33장에서 에서를 돕는 400명의 장정을 만나기 전에, 얍복강 사건도 아직 일어나지 않은 창세기 32장 1-2절에 여호와의 군대 마하나임을 야곱이 만나게 하신 것입니다. 이것은 하나님의 군대가 그와 함께하신다는 것을 알려 주신 상징적인 암시입니다.[69] 이것을 깨달은 야곱이 이제는 앞에서 용기 있게 가족을 인도하고 있는 것입니다.

야곱의 또 한 가지 변화는, 형님에게 일곱 번이나 절을 하면서 나아가고 있다는 사실입니다. 그전까지만 해도 야곱은 교만했고, 어떻게든 형을 이기고만 싶어 했던 동생이었습니다. 첫째가 되고 싶었던 둘째였습니다. 그런 그가 완전히 낮아진 자세로 겸손히 형 앞으로 나아가고 있습니다. 이 장면에 특별한 의미가 있습니다. 에서와 야곱이 잉태되었을 때 하나님은 큰 자 에서가 작은 자 야곱을 섬기리라고 약속하셨습니다. 하지만 지금 여기에서 반대로 야곱이 형 에서 앞에 일곱 번이나 절하고 있습니다. 하나님은 이처럼 자신이 겸비할 때 그 약속을 이루어 주신다는 것을 보여 줍니다. 야곱은 위선적인 태도가 아니라 진심으로 화해와 용서를 구하고 있습니다. 형의 장자권을 함부로 빼앗았던 지난날의 잘못을 뉘우치며 형에게 고개를 숙이고 있다는 것을 성경은 보여 주고 있습니다. 야곱의 태도가 눈에 띄게 달라졌습니다.

그런데 에서 입장에서 생각해 봅시다. 동생이 이렇게 일곱 번이나 절한다고 해서 용서해 줄 수 있을까요? 사실은 야곱이 저지른 일을 우리는 깊이 실감하지 못할 수도 있습니다. 장자권에 대한 개념이 우리에게 그렇게 크게 와닿지 않을 수 있습니다. 하지만 당시 이스라엘 사람들에게 장자권은 모든 것을 가질 수 있는 자격과 권리입니다. 무엇이든 더 많이 누릴 기회를 합법적으로 얻게 되는 것입니다. 야곱이 저지른 행동은 요즘으로 본다면 형이 가장 힘들 때, 그것도 형이 그 자리에 없을 때 아버지 유언장을 위조한 것입니다. 거기다 눈이 잘 보이지 않는 아버지를 속여서 인감도장까지 찍게 한 것입니다. 이런 동생이 20년이 지난 후에 나타나서 일곱 번 절을 한다고 용서할 수 있겠습니까? 그런데 성경의 흐름은 우리의 생각과는 전혀 다른 방향으로 전개되고 있습니다.

> 에서가 달려와서 그를 맞이하여 안고 목을 어긋맞추어 그와 입맞추고 서로 우니라 창 33:4

참 의문의 장면입니다. 형제가 전혀 예상치 못했던 행동을 하고 있습니다. 형에게 일곱 번 절하는 야곱의 모습도 그의 기질과는 맞지 않습니다. 게다가 예전엔 동생을 죽이겠다고 분노했던 에서가 야곱을 보자마자 달려가 껴안고 입맞추며 울고 있습니다. 야곱이 야곱 같지 않고, 에서가 에서 같지 않게 행동합니다.[70] 이성적으로 볼 때는 쉽게 일어날 수 없는 일이 일어난 것만 같습니다. 에서의 마음이 어떻게 이렇게 변하게 되었을까요? 혹시 나이가 들어 너무 감성적이 된 것일까요? 제 주변에도 갱년기를 겪는 남성들이 드라마를 보면서 많이 운다고 고백합니다. 이 두 형제에게도 갱년기가 온 걸까요? 어떻게 된 일인지 궁금하지만 성경은 그 이유를 알려 주고 있지 않습니다.

다만 한 가지 분명한 것은 형 에서가 변화되기 전에 야곱에게 먼저 변화가 있었다는 사실입니다. 창세기 32장에서 하나님과 씨름했던 야곱이 있고 난 다음, 33장에서 달라진 에서를 만난 것입니다. 하나님은 천사를 야곱에게 보내셔서 항복을 요구하셨습니다. 야곱이 자신의 감추었던 삶을 고백했을 때 그를 만져 주셨던 하나님은 분명히 에서의 삶 속에서도 일하셨을 것입니다. 야곱이 그렇게 두려워했던 형과의 만남은 이제 '따뜻한 재회(tender reunion)'로 바뀌었습니다.[71] 우리가 죄의 길에서 돌아서고 하나님 말씀 앞에서 정직하게 돌이키면, 그때 하나님께서 닫혔던 문과 막혔던 길을 활짝 열어 주시는 역사가 일어날 수 있다는 것을 성경이 보여 주고 있습니다. 하나님은 나만이 아니라 나와 불편했던 관계 속에 있던 사람의 마음까지도 만지실 수 있습니다. 우리의 의무는 먼저 내 마음이 바른지를 보는 것입니다.[72] 하나님은 다른 사람이 변할 때까지 기다리는 것이 아니라 내가 먼저 변하기를 원하십니다.

야곱이 20년 만에 만난 형의 품에 안겨서 무엇을 깨달았겠습니까? "사람의 행위가 여호와를 기쁘시게 하면 그 사람의 원수라도 그와 더불어 화목하게"(잠 16:7) 하신다는 잠언의 말씀을 맛보지 않았을까요? 우리가 하나님과의 관계를 바르게 세울 때 하나님께서 우리의 길을 열어 주신다는 것입니다. 이것이 창세기 33장을 통해서 보여 주시는 첫 번째 교훈입니다. 야곱은 형과 부둥켜안고 울면서 이 한 가지를 가슴속으로 깊이 깨달았습니다. 하나님 앞에 정직하게 선다는 것이 얼마나 중요한 일인지를 몸으로 배우고 있습니다. 이것이 바로 야곱이 경험한 은혜의 걸음입니다. 형을 만나기 전 야곱이 얍복강에서 한 것은 자신이 속이고 빼앗는 자였음을 하나님 앞에 고백한 것밖에 없습니다. 야곱이 형을 바꾼 것이 아닙니다. 야곱이 한 일은 자신을 하나님 앞에 솔직하게 고백한 것이 전부입니다. 그러자 하나님은 야곱을 만지셨고 새 이름, 이스라엘을 그에게 주셨습니다. 야곱의 힘으로는 해결할 수 없는 문제에 하나님이 답이 되어 주신 것입니다.

두 사람의 화해는 누구의 작품입니까? 야곱입니까, 에서입니까, 아니면 하나님입니까? 우리가 순종의 길을 걷다 보면 내가 갈 수 없는 길을 주님이 열어 주실 때가 있습니다. 그렇게 되면 내 힘으로는 도저히 해결할 수 없는 일, 견고히 닫혀 있던 여리고성의 모든 문도 열어 주시며 어떤 길도 건너갈 수 있도록 인도하십니다. 그것은 분명 하나님이 열어 주시는 길입니다. 그럴 때 우리가 할 수 있는 고백은 감사뿐입니다. 야곱도 그랬습니다. 그의 입술을 통해 '은혜'라는 단어가 계속해서 쏟아져 나오고 있습니다. 하나님을 기쁘시게 하는 걸음을 걸어갈 때 부어 주시는 은혜가 여기에 있습니다. 그래서 시편 기자는 하나님을 맛보아 알라고 권면합니다.

이사야 43장 말씀처럼 하나님은 광야에 길을 내시고 사막에 강을 내시는 분입니다. 혹시라도 우리 인생과 가정과 일 가운데 막혀 있는 문이 있다면 주님과의 관계를 먼저 회복함으로, 복잡한 문제 가운데 우리에게 길을 열어 주시는 은혜가 임하기를 기원합니다.

한 번의 은혜로는 계속해서 걸을 수 없습니다

형과 아우가 이산가족 상봉하듯 울고는 정신을 차려 보니 에서의 눈에 이제야 동생의 가족이 들어옵니다. 이 많은 사람이 다 누구냐고 물으니 형님을 만나지 못한 세월 동안 하나님이 은혜로 주신 자식들이라고 고백합니다. 베냐민이 아직 태어나지 않았을 때이니 열한 명의 아들과 딸 디나까지 모두 열두 명의 자식이 나아와 인사합니다. 에서는 처음 본 조카들이 얼마나 사랑스러웠겠습니까? 야곱은 그전엔 무슨 일이 생길까 두려워 숨게 했던 가족들까지도 모두 인사를 시킵니다. 그리고 이어서 형을 위해 선물로 준비한 550마리의 가축들을 주려고 하니 에서가 야곱에게 말하길 "나도 이미 부자라 부족함이 없으니 도로 가져가라"고 합니다. 사실 형의 마음은 선물을 받기도 전에 이미 풀렸던지라 둘 사이에 이런 물질은 필요가 없다는 것입니다. 에서도 많이 바뀌었고 마음이 넉넉해졌습니다. 그때 야곱이 이런 고백을 합니다.

> 야곱이 이르되 그렇지 아니하니이다 내가 형님의 눈앞에서 은혜를 입었사오면 청하건대 내 손에서 이 예물을 받으소서 내가 형님의 얼굴을 뵈온즉 하나님의 얼굴을 본 것 같사오며 형님도 나를 기뻐하심이니이다 하나님이 내게 은혜를 베푸셨고 내 소유도 족하오니 청하건대 내가 형님께 드리는 예물을 받으소서 하고 그에게 강권하매 받으니라 창 33:10-11

그동안 두 형제 사이에서 이런 따뜻한 장면을 본 적이 없습니다. 야곱은 하나님이 자신에게 은혜를 베풀었으니 선물은 꼭 받아 달라고 강권하여 에서가 할 수 없이 받습니다.

무엇보다도 야곱은 형님의 얼굴을 보니 마치 하나님의 얼굴을 보는 것 같다고 말하고 있습니다. 창세기 32장에 브니엘(하나님의 얼굴)로 명명했던 얍복강에서의 하나님은 야곱을 너무도 따뜻하게 품고 용서해 주셨습니다. 야곱 입장에서 그 이후에 이어진 형과의 만남은 마치 하나님과의 만남을 연상할 만큼 은혜로웠습니다. 그는 형과의 만남에서도 하나님을 본 것 같은 기쁨을 똑같이 느끼고 있습니다. 그랬기에 이런 고백까지 나오는 것입니다. 물론 약간 과장된 표현이지만, 이 두 사건은 서로 연결되어 있다고 볼 수 있습니다. 결국 에서는 야곱의 선물을 받았고, 이 모습은 형의 입장에서 동생에게 화해의 도장을 찍어 주는 증표가 되었습니다.[73]

당신은 함께 살고 있는 가족의 얼굴을 볼 때, 아니면 함께 일하고 있는 사람들의 얼굴을 볼 때 주님의 얼굴을 보는 것 같습니까? 우리가 서로의 얼굴에서 정말로 주님의 얼굴을 뵙는 것 같은 감격이 있다면 얼마나 좋을까요? 우리는 모두 하나님의 형상으로 지어졌습니다. 그러나 우리 죄 때문에 그 형상이 무너지고 훼손되어 가고 있습니다. 그러니 사는 동안 날마다 하나님의 형상을 회복하고 그리스도를 닮아 가게 해 달라고 기도해야 합니다. 그 기도가 우리의 기도가 되기를 바랍니다.

우리의 신앙생활을 돌아보면 교회 안에서는 다들 주님의 얼굴을 닮은 것 같은데, 문제는 교회 밖을 나서는 순간 그 얼굴빛이 바뀐다는 것입니다. 우리 모두가 교회 밖에서나, 일하는 사업장에서나, 사람들을 만나는 장소에서나 주님 닮은 얼굴로 살아가길 바랍니다. 믿지 않는 사람들이 우리를 볼 때 하나님의 얼굴을 보는 것 같은 감동이 생겨나게 되길 바랍니다. 우리가 모두 "당신을 만나니 주님을 만나는 것 같습니다" 하는 말을 듣게 되면 참 좋겠습니다. 이렇게 살아 보려는 작은 몸부림이 일어나기를 바랍니다.

야곱은 형과의 재회를 통해 20년간 이어진 마음의 감옥에서 나오게 되지 않았을까 싶습니다. 사람들이 가장 힘들어하는 것 중 하나가 바로 관계의 문제일 것입니다. 다들 잘 지내고 싶지만 서로 다른 성향 때문에 또는 오해와 섭섭함 때문에 갈등을 겪고 관계가 소원해지며 돌이킬 수 없이 깨지기도 합니다. 얍복강의 사건은 야곱만 바꾼 것이 아니라 관계까지 고쳐 주었습니다. 얼마나 가슴이 시원해지는 순간이었겠습니까?

무덤에 있는 나사로를 바라보며 슬피 울고 있던 마르다와 마리아에게 예수님이 찾아오셨을 때 하셨던 말씀이 기억납니다. 예수님은 무덤의 돌을 치우라고 하셨습니다. 그리고 "나사로야, 나오너라" 하고 명령하셨습니다. 그때 분명 죽어서 장사까지 치른 나사로가 무덤 속에서 걸어 나오기 시작했습니다. 그리고 예수님이 "그를 풀어놓아 다니게 하라"고 말씀하시자 그는 자유케 되었습니다. 왜냐하면 죽음보다 크신 이가 말씀하셨기 때문입니다. 하나님은 야곱을 과거에서 풀어 주셨습니다. 20년의 아픔과 감옥 같은 세월 속에서 그를 자유케 하신 것입니다. 하나님과의 바른 관계는 한 사람을 자유케 합니다. 야곱을 마음의 감옥에서 풀어놓아 다니게 하라고 하나님이 말씀해 주신 사건입니다. 우리 삶의 관계에서도 이처럼 자유케 하시는 은혜의 문이 열리기를 바랍니다. 그러기 위하여 얍복강으로 나아가 엎드리는 기도가 있기를 바랍니다.

> 에서가 이르되 우리가 떠나자 내가 너와 동행하리라 야곱이 그에게 이르되 내 주도 아시거니와 자식들은 연약하고 내게 있는 양 떼와 소가 새끼를 데리고 있은즉 하루만 지나치게 몰면 모든 떼가 죽으리니 청하건대 내 주는 종보다 앞서 가소서 나는 앞에 가는 가축과 자식들의 걸음대로 천천히 인도하여 세일로 가서 내 주께 나아가리이다 에서가 이르되 내가 내 종 몇 사람을 네게 머물게 하리라 야곱이 이르되 어찌하여 그리하리이까 나로 내 주께 은혜를 얻게 하소서 하매 이 날에 에서는 세일로 돌아가고 야곱은 숙곳에 이르러 자기를 위하여 집을 짓고 그의 가축을 위하여 우릿간을 지었으므로 그 땅 이름을 숙곳이라 부르더라 창 33:12-17

이렇게 형제가 아름다운 화해를 나눈 후에 이제 길을 나서기로 합니다. 에서는 자기가 앞장서서 갈 테니 야곱더러 따라오라고 합니다. 자기가 사는 세일로 같이 가자는 것입니다. 그런데 여기서 야곱은 선뜻 나서지 않고 다른 말을 합니다. 아이들도 어리고, 돌봐야 할 가축들도 많은 터라 형의 속도에 맞추어 빨리 따라가기가 어려우니 형님 먼저 떠나라고 합니다. 자기는 가족과 함께 형님 사는 곳으로 천천히 뒤따라가겠다고 하는 것입니다. 야곱이 걱정된

에서는 그 동네가 사나운 지역이라 부하를 몇 명 붙여줄 테니 그들과 같이 오라고 합니다. 그런데 야곱은 알아서 잘 찾아가겠으니 걱정 말라며 이번에도 형의 호의를 정중히 사양합니다.

야곱의 이동 경로

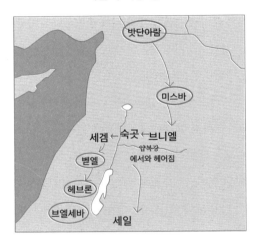

사실 야곱은 하나님의 말씀을 따라 아버지의 집으로, 벧엘로 돌아가라는 명령을 받고 가던 중이었습니다. 그래서 그는 세일로 가지 않기 위해 핑곗거리를 찾아 둘러댄 것입니다. 그는 형을 따라 그곳으로 갈 생각이 없었기 때문입니다. 하지만 에서는 야곱의 말을 믿고 먼저 세일로 돌아갔습니다.

여기서 또 예기치 못한 반전이 나옵니다. 야곱은 형과 같이 가지 않고 어디로 갔을까요? 그는 형이 떠난 후 그길로 숙곳으로 갑니다. 어쩌면 형이 가는 길과는 다른 길, 하나님이 명령하신 길을 가기 위해 그렇게 결정한 것일 수 있습니다. 그렇다면 야곱은 형에게 내가 지금 하나님의 말씀을 따라가던 중이라고 솔직하게 말할 수 있었습니다. 성경의 인물에 관한 여러 저서를 남긴 데오도르 에프(Theodore Epp)는 여기에 대해서 야곱이 아직 형에 대한 두려움이 남아 있어서 하나님의 계획을 따라 이동하고 있다는 사실을 말하지 못한 것으로 설명합니다. 하나님을 따라가고 있다고 말할 용기가 없었던 것이지요. 데오도르 에프는 이러한 야곱의 모습을 오늘날 복음의 감격을 가지고도 그 복음을 들고 세상으로 담대하게 나가지 못하는 우리의 모습으로 연결시켜, 사람들을 주님에게로 인도하지 못하는 우리를 돌아보게 하고 있습니다.[74)]

결국 야곱은 형을 또 속였습니다. 그가 형을 속이기 전에 일어난 일은 뜨거운 화해였습니다. 그렇게 서로 얼싸안고 울고는 금방 또 속이게 된 것입니다. 그는 전날 밤 얍복강 앞에서 하나님 앞에 항복한 사람입니다. 영적인 회심이 있었습니다. 그날 이후 그의 입에서는 은혜라는 말이 수없이 나오고 있었습니다. 오랜 숙제였던 형과의 틀어진 관계도 조금 전에 풀었습니다. 그런데도 다시 형에게 거짓말을 하게 되었습니다. 고의는 아니었겠지만 그는 다시 익숙한 방식으로 돌아옵니다.

창세기 33-50장 사이에 야곱이라는 이름은 45회 등장하지만 그를 이스라엘, 즉 새 이름으로 표현하는 것은 23회만 나옵니다. 성경은 여전히 새로운 족장 안에 그의 옛 사람이 존재하고 있음을 분명하게 보여 주고 있습니다. 이것은 야곱이 변했지만 아직 변하지 않은(changed yet unchanged) 것이 있음을 의미합니다.[75] 은혜로 순종의 걸음을 걷던 야곱이 갑자기 자기 생각을 따라 말하고 다른 길로 가기 시작합니다. 은혜를 입었는데도 순간적으로 옛 자아의 습관이 드러나고 있습니다. 우리가 생각하기에는 은혜를 받았으면 옛 자아가 완전히 사라지고 이전과는 완전히 달라져서 다시는 과거의 행동을 하지 않게 되어야 하는 것 아닙니까? 그렇게 되기를 바라고 기대하지 않습니까? 그런데 왜 우리는 똑같은 죄를 짓는 걸까요? 안 그래야 하는 줄 알면서 왜 또 반복하게 되는 걸까요? 은혜 받고 돌아서서 왜 또 감정을 따라 결정하는 나 자신을 보아야 하는 것입니까?

만일 우리가 어떤 결정적인 은혜를 받을 때 내 속에 있는 모든 성격적인 결함이나 연약한 부분이 한순간에 제거된다면 얼마나 좋겠습니까? 그러나 성경은 여전히 또 실수하고, 또 죄를 짓고, 자신이 해 오던 익숙한 방식을 선택하는 인간의 모습을 보여 주고 있습니다. 이것이 우리가 미완성의 순례자로서 걸어가고 있는 실존의 모습이라는 것을 인정해야 하는 이유입니다. 회심을 해도 본질적인 죄성의 문제는 여전히 가지고 있다는 뜻입니다. 그것이 순간순간 다시 재생될 때가 얼마나 많습니까? 야곱은 동시에 자신이 야곱이며 이스라엘이 되려고 하는 것 아닙니까?[76] 하나님을 의지하며 걷던 걸음을 순간적으로 뒤로한 채 다시 이전의 야곱이 되어 걸어가는 것, 우리 안에 이런 두 얼굴, 두 모습이 있습니다. 이것이 인간의 본성입니다.

하나님은 변화하고 싶다고 간절히 붙들던 야곱에게 이제는 속이는 자 야곱이 아니라 이스라엘이라고 부르겠다고 하시며 그를 축복해 주셨는데, 야곱은 하루 만에 또 과거와 같은 죄를 짓습니다. 저는 하나님이 이런 야곱을 보실 때 "야곱아, 너 또 이렇게 사는 거니? 얼마나 됐다고 이러니? 또 시작이구나. 이제는 너를 더 이상 돕지 않겠다"라고 하실 수 있는 상황이라고 생각합니다. 세상에서 만나는 인간관계에서도 이렇게 태도가 자주 바뀌는 사람은 다시 안 보고 싶지 않겠습니까? 그런데 하나님은 그러지 않으십니다. 저는 우리 안에 있는 끈질긴 죄성보다 더 끈질긴 것이 있다고 생각합니다. 그것은 죄뿐인 우리를 향해 변함없이 뚜벅뚜벅 걸어오시는 하나님의 은혜의 걸음입니다. 야곱의 이야기에는 두 개의 걸음이 등장합니다. 절뚝거리는 야곱의 걸음과 언제나 변함없으신 하나님의 은혜의 걸음입니다. 끊임없이, 끝까지, 야곱을 찾아가심으로 그가 마침내 고향 땅에 다다르게 하십니다. 그리고 야곱을 이스라엘의 족장, 열두 지파의 조상이 되게 하십니다. 이것은 우리의 순례가 완성될 수 있음을 보여 주는 은혜의 그림자도 같습니다.

이처럼 하나님은 은혜 받고도 실수하고 넘어지는 우리를 포기하지 않으시고 또 은혜를 주십니다. 끈질기게 주십니다. 우리가 넘어질 때 하나님께서 다시는 너와 함께하지 않겠다고 관계를 끊어 버리신 적이 있습니까? 더 이상 은혜를 베풀지 않겠다고 우리를 포기하신 적이 있습니까? 우리의 죄보다 주님의 은혜가 더 큽니다. 우리의 실수보다 하나님의 은혜가 언제나 더 깊고 강합니다.

사실 우리는 주님이 은혜를 중단하셔도 할 말이 없는 자들입니다. 그렇게 울며불며 기도하여 가슴 저린 은혜를 받고도 돌아서서 너무 쉽게 죄를 짓고, 너무 쉽게 배반합니다. 인정하고 싶지 않겠지만 사실입니다. 이런 우리를 하나님이 버리신다 해도 우리는 변명할 아무런 자격이 없습니다. 하지만 이런 모습이라 할지라도 우리가 주님께 달려가면 그때마다 또다시 은혜를 부어 주시는 분이 하나님입니다. 우리는 하루에도 열두 번씩 마음이 변하고 어제 마음 오늘 마음이 다르지만, 하나님의 은혜는 변함이 없습니다. 야곱의 이야기를 보면서 이 사실을 깨닫게 됩니다.

그렇다면 돌아서면 또다시 올라오는 이 죄성에도 불구하고 계속해서 은혜를 베푸시는 이 은혜는 도대체 무엇일까요? 저는 이것을 '은혜 위의 은혜(grace upon grace)'라고밖에는 표현할 방법이 없습니다. 하나님께서 이런 은혜를 베풀지 않으시면 야곱만이 아니라 우리에게는 소망이 없습니다. 우리가 처음 본 야곱은 거짓말을 합니다(lying). 그리고 형과 아버지의 이야기를 몰래 듣던(listening) 것을 기억합니다. 삼촌 집에서 인생을 배웁니다(learning). 이제 그는 축복받았지만 여전히 깨어진 사람으로 절뚝거리고 있습니다(limping). 그리고 창세기 마지막에 가면 애굽에 내려가 요셉을 극적으로 만날 때에 그의 아들들에게 온몸을 의지하고 있습니다(leaning). 이러한 야곱의 삶을 통해 우리는 하나님께서 야곱의 인생 전체를 다스리심(subduing)을 봅니다.[77] 이처럼 하나님은 우리 인생 전체에 관여해 주십니다. 야곱이 고향까지 내려가는 여정 속에서 두 번째로 주시는 메시지는 이렇게 절뚝거리며 걸어가는 우리에게 하나님은 은혜 위의 은혜를 베풀어 주신다는 것입니다. 한 번의 은혜로는 믿음의 길을 계속해서 걸어갈 수 없습니다. 매일의 은혜, 은혜 위의 은혜가 필요합니다. 이 하나님의 은혜가 넘어지는 우리를 매 순간 일으켜 주는 것입니다.

그렇다면 평생토록 이러한 은혜 위의 은혜를 받는 우리가 해야 할 것은 무엇입니까? 그것은 매일 하나님께로 돌아가는 것입니다. 하나님과 바른 관계 속에 머무는 것입니다. 하나님의 넘치는 은혜가 있으니 죄에 대해 너그러워도 된다는 말이 절대 아닙니다. 저는 하나님의 은혜가 얼마나 큰지를 자랑하고 싶은 것입니다. 이런 죄와 허물로 가득한 인생들을 위해 십자가에서 죽으신 그 사랑이 얼마나 넓고 깊은지를 부디 알기를 바랍니다.

얍복강의 회개가 있을 때 부어 주시는 단 한 번의 은혜만 있다면 우리의 삶은 재앙입니다. 가슴 치며 통회하는 눈물을 흘리고도 또다시 죄를 짓는 우리를 끝까지 버리지 않고 찾으시는 그 은혜의 하나님이 계시기에 은혜 위의 은혜입니다. 이 은혜를 깨닫고 사는 자라면 어떻게 평생 회개하지 않을 수가 있겠습니까? 넘어지고 비틀거리는 부족한 순례자를 성화의 길로 인도해 주시는 것은, 계속해서 부어 주시는 은혜 위의 은혜입니다. 이것을 통해 바울이 말한 것처럼 어른이 되어서는 어린아이의 일을 버릴 수 있게 될 것입니다. 우리는 이 은혜 안에서 오늘도 길을 걸어갑니다.

치유라는 것은 그런 일을 다시 겪지 않는 것이 아니라 그런 순간이 또다시 찾아왔을 때 넘어지더라도 과거보다는 더 빨리 일어날 수 있는 힘이 생기는 것입니다. 회복탄력성이라는 말이 있습니다. 인생의 바닥에서 내가 얼마큼 다시 회복할 힘이 있는가 하는 것입니다. 회복탄력성을 키우기 위해서는 계속해서 그 은혜 안에 머물도록 우리 역시 노력해야 합니다. 주님께로 나아가야 하고, 주님을 매 순간 붙들어야 합니다. 우리는 스스로를 거룩하게 할 수 없습니다. 주님의 은혜가 우리를 거룩하게 만들어 가는 것임을 기억하기 바랍니다. 우리는 모두 하나님의 은혜로 빚어지는 작품입니다.

우리 죄보다 하나님의 사랑이 더 끈질깁니다

야곱은 형과 헤어진 뒤 숙곳에서 머물다가 가나안 땅 세겜 성읍에 도착합니다.

> 야곱이 밧단아람에서부터 평안히 가나안 땅 세겜 성읍에 이르러 그 성읍 앞에 장막을 치고 그가 장막을 친 밭을 세겜의 아버지 하몰의 아들들의 손에서 백 크시타에 샀으며 거기에 제단을 쌓고 그 이름을 엘엘로헤이스라엘이라 불렀더라 창 33:18-20

야곱은 그곳에서 장막을 치고 제단을 쌓습니다. 그리고 엘엘로헤이스라엘, 즉 '하나님은 이스라엘의 하나님'이라고 이름 짓습니다. 그런데 이 마지막 구절이 우리에게 중요한 메시지를 던져 주고 있습니다. 세겜은 야곱이 하나님을 만났던 브니엘에서 숙곳을 지나 요단강을 건너서 서쪽에 있는 곳입니다. 그가 이곳에 단을 쌓고 예배를 드리는 이 장면이 중요한 이유는, 바로 이 자리가 그의 할아버지 아브라함이 갈대아 우르와 하란을 떠나 약속의 땅인 가나안으로 이동할 때 거쳐 간 곳이기 때문입니다. 물론 이 세겜 땅은 머물 곳이 아니라 지나가야 할 곳입니다. 왜냐하면 하나님은 야곱에게 고향으로 돌아가라고 명령하셨기 때문입니다. 이 세겜에서 오래 머무는 것은 하나님이 원하시는 일이 아닙니다. 하지만 역사적으로는 중요한 영적 의미가 있는 땅이라는 점은 분명합니다.

창세기 12장에 보면 아브라함은 조카 롯과 아내 사라, 그리고 하란에서 모은 모든 소유와 사람들을 데리고 세겜에서 가나안 땅으로 들어갑니다. 그 전에 세겜 땅 모레 상수리나무에 이르러 잠깐 거주하면서, 아브라함도 지금의 야곱처럼 단을 쌓고 예배를 드렸습니다. 창세기 12장 7절에서 하나님께서는 아브라함에게 나타나셔서 이 땅을 그의 자손에게 주겠다고 약속하셨습니다. 그런데 이삭의 다음 세대인 야곱이 고향으로 돌아가는 길에 이곳 세겜 땅에 머물면서 이 땅을 삽니다. 아브라함의 발자취가 있는 역사의 현장에 손자 야곱이 다시 예배자로 서 있는 것입니다. 그 사이에 무수한 일들이 있었지만 그 모든 사연을 뚫고 하나님의 말씀이 성취되고 있습니다. 하나님은 우리의 모든 실수와 연약함을 넘어서 그 말씀을 성취하신다는 것을 보여 줍니다.

마태복음 1장에 예수님의 족보를 보면, "아브라함이 이삭을 낳고 이삭은 야곱을 낳고 야곱은 유다와 그의 형제들을 낳고"(마 1:2)라는 구절이 나옵니다. 우리가 보기엔 그냥 한 절에 불과하지만 그 안으로 들어가 보면 "아브라함이 이삭을 낳고"라는 구절에는 너무도 많은 사연이 담겨 있습니다. 아브라함은 자녀가 없었습니다. 하나님은 75세에 그를 부르시고 여전히 자녀가 하나도 없는 상황에서도 너의 자손이 하늘의 별처럼, 바닷가 모래알처럼 많아질 거라고 약속하십니다. 85세가 되어도 자녀 소식은 없습니다. 그 말씀을 이룰 수 있는 소망은 점점 사라져 갑니다. 결국 아브라함은 기다리지 못하고 몸종 하갈을 통해서 아이를 낳습니다. 그때 하나님은 정색하고 말씀하십니다. 반드시 네 몸에서 난 자여야 한다는 것입니다. 후손이 생길 것뿐만 아니라 복의 근원이 될 것이라고 하십니다. 너의 후손을 통해 예수 그리스도가 오리라는 약속을 주신 것입니다. 그리고 마침내 아브라함은 100세에 이삭을 얻습니다.

이처럼 아브라함이 이삭을 낳게 되기까지는 수많은 일이 있었습니다. 기다리지 못하고 실수도 했습니다. 하지만 그 실수 때문에 하나님의 약속이 성취되는 것이 불가능해지지는 않았습니다. 약속대로 그 계보를 통해서 예수 그리스도가 오셨습니다. 인간의 실수에도 불구하고 하나님의 말씀은 실현되었습니다. 그것은 오늘날도 하나님께서 우리에게 약속하신 말씀은 반드시 이루어질 것이라는 사실을 기억하라는 뜻입니다.

야곱이 세겜 땅에서 예배드리고 있다는 것이 왜 중요할까요? 이것은 특별한 상징성이 있기 때문입니다. 야곱이 외삼촌 집으로 도망가던 때에 하나님은 그의 꿈에 나타나셔서 말씀하셨습니다.

> 또 본즉 여호와께서 그 위에 서서 이르시되 나는 여호와니 너의 조부 아브라함의 하나님이요 이삭의 하나님이라 네가 누워 있는 땅을 내가 너와 네 자손에게 주리니 네 자손이 땅의 티끌같이 되어 네가 서쪽과 동쪽과 북쪽과 남쪽으로 퍼져나갈지며 땅의 모든 족속이 너와 네 자손으로 말미암아 복을 받으리라 창 28:13-14

그리고 가장 결정적인 약속을 하십니다.

> 내가 너와 함께 있어 네가 어디로 가든지 너를 지키며 너를 이끌어 이 땅으로 돌아오게 할지라 내가 네게 허락한 것을 다 이루기까지 너를 떠나지 아니하리라 하신지라 창 28:15

야곱이 놀라 일어난 뒤 돌베개를 기둥 삼아 단을 쌓고 예배드렸을 때, 야곱이 하나님께 서원하기를 "내가 평안히 아버지 집으로 돌아가게 하시오면 여호와께서 나의 하나님이 되실 것"(창 28:21)이라고 했습니다. 그것이 20년 전에 한 고백입니다. 그리고 지금 그는 세겜 땅에서 다시 예배를 드리고 있습니다.

이 예배가 상징하는 것이 무엇입니까? 야곱은 수많은 실수를 되풀이해 왔습니다. 그럼에도 하나님은 믿음을 가진 자들에게 주신 약속을 반드시 이루어 가신다는 사실입니다. 이것은 인생에서 내 계획이나 뜻이 아니라 하나님의 약속, 하나님의 말씀이 이긴다는 것입니다.[78] 바로 이 놀라운 진리가 드러난 현장입니다. 그가 지금 세겜 땅에 서 있다는 것은 야곱의 생각과 계획이 이루어진 것을 보여 주는 것이 아닙니다. 오히려 하나님의 뜻이 그의 삶에 이루어진 것을 보여 줍니다.

저는 믿습니다. 우리 부모들이 예배하고 눈물 흘리며 기도하는 그 자리에서 우리 자녀들과 후손들이 하나님께 예배드리게 될 것을 말입니다. 우리의 눈으로는 당장 믿어지지 않을 때도 있습니다. 하지만 먼 훗날 우리가 아브라함이 되고, 그 아이들이 야곱이 될 것을 믿음으로 바라봅니다. 비록 넘어지고 쓰러진다 해도 하나님이 다시 세우시고 마침내 그 뜻을 이루어 가실 것을 믿기 때문입니다. 우리는 부족해도 하나님은 여전히 일하고 계십니다.

야곱의 계획이 아무리 치밀해도 하나님의 약속을 이기지 못합니다. 결국 하나님의 말씀이 인간의 계획을 이깁니다.[79] 이것이 창세기 33장을 통해 가르쳐 주시는 하나님의 마지막 메시지입니다. 그래서 야곱은 지금도 부족함 투성이지만 세겜 땅에 다시 서 있는 것입니다. 그는 약속의 말씀이 성취되는 것을 명확하게 보고 있습니다. 그를 지켜 주고 이 땅으로 돌아오게 하시겠다는 하나님의 약속이 야곱의 연약함과 죄성을 이긴 것입니다. 이것이 야곱이 깨닫고 발견한 하나님의 은혜입니다. 은혜가 아니면 그가 어떻게 이스라엘 열두 지파의 아버지가 되었겠습니까?

주님은 우리의 인생에도 이렇게 하실 것입니다. 하나님의 말씀이 기필코 이깁니다. 비록 겨자씨만 한 믿음을 가졌을지라도 주를 믿는 자에게는 하나님께서 그 약속을 끝까지 이루어 가신다는 것을 믿음으로 바라봅니다. 우리의 실수와 넘어짐 때문에 하나님의 약속이 취소되는 일은 결단코 없습니다. 이것은 주님께서 한 사람 한 사람을 위해 써 내려가시는 주님의 역사이기도 합니다. 야곱의 인생도 우리 인생도 하나님께서 그 역사를 함께 쓰고 계신다는 사실을 잊지 말기 바랍니다.

야곱의 인생을 추적해 가다 보면 인간의 본성이 무엇인지를 여실히 느낄 때가 많습니다. 그러나 놀라운 것은 주님은 포기하지 않으시고 우리의 죄성보다 더 끈질긴 사랑으로 계속해서 은혜를 베푸신다는 사실입니다. 이것이 은혜 위에 은혜가 아니고 무엇이겠습니까? 이런 우리를 놓지 못하시는 주님의 사랑은 얼마나 깊고 위대한 것입니까? 그 사랑이 아니면 우리에게는 소망이 없습니다. 내가 넘어져 있을 때 모두가 나를 포기하고 돌아선다면 그것은 얼마나 슬프고 어두운 절망이겠습니까? 그런데 나를 포기하지 않는 누군가가 있다는 것을 안다면 그것은 살아갈 힘이 됩니다. 이것이 우리를 주님 앞에 다시 돌아오게 합니다.

그러므로 우리는 주님 앞에 홀로 나아가는 시간이 필요합니다. 하나님이 가르쳐 주시는 은혜의 걸음을 수시로 망가뜨리는 내 감정과 내 생각의 걸음을 고쳐 달라고 하나님 앞에 나아가야 합니다. 내 인생에서 내 뜻과 계획이 이기는 것이 아니라 주님의 뜻이 이긴다는 것을 깨닫게 해 달라고 말입니다. 인생은 은혜입니다. 하나님의 은혜가 전부입니다. 이 은혜 안에서 매일 새로워지는 성화의 삶이 이어지기를 간절히 기도합니다.

오늘 당신의 입술로 한번 고백해 보았으면 합니다.

"하나님이 이기셨습니다."

에브라임아, 내가 어찌 너를 버리겠느냐? 이스라엘아, 내가 어찌 너를 원수의 손에 넘기겠느냐? 내가 어찌 너를 아드마처럼 버리며, 내가 어찌 너를 스보임처럼 만들겠느냐? 너를 버리려고 하여도, 나의 마음이 허락하지 않는구나! 너를 불쌍히 여기는 애정이 나의 속에서 불길처럼 강하게 치솟아 오르는구나. 호 11:8, 새번역

내가 확신하노니 사망이나 생명이나 천사들이나 권세자들이나 현재 일이나 장래 일이나 능력이나 높음이나 깊음이나 다른 어떤 피조물이라도 우리를 우리 주 그리스도 예수 안에 있는 하나님의 사랑에서 끊을 수 없으리라 롬 8:38-39

우리는 주님 앞에

홀로 나아가는 시간이 필요합니다.

하나님이 가르쳐 주시는 은혜의 걸음을

수시로 망가뜨리는 내 감정과

내 생각의 걸음을 고쳐 달라고

하나님 앞에 나아가야 합니다.

내 인생에서

내 뜻과 계획이 이기는 것이 아니라

주님의 뜻이 이긴다는 것을

깨닫게 해 달라고 말입니다.

⑨9장 새로운 출발

창 35장

우리는 과거와 미래의 가장 절묘한 교차로인 현재를 살고 있습니다.
이렇게 과거와 미래에 끼여 살아간다는 것은 쉬운 일이 아닙니다.
그것은 마치 안전한 한쪽 그네를 놓고 공중으로 날아가
반대쪽 그네를 붙들어야 하는 그네 타기 곡예와도 같습니다.
한순간 곡예사는 어느 쪽도 붙잡고 있지 않는 그 시간을 대면해야 합니다.[80]
순례의 길은 매 순간 저편에서 나의 손을 잡아 주실 하나님을 믿고
걸어가는 것입니다.

하나님의 약속을 따라 사는 삶은 단순합니다. 하지만 욕심이란 것이 자꾸만 우리 인생을 복잡하게 만들곤 합니다. 지금 야곱은 매우 중요한 시점에 서 있습니다. 왜냐하면 영적으로 성숙한 모습을 갖출 만큼 충분한 체험이 있었음에도 다시 끈질긴 죄성이 나타나고 있기 때문입니다. 그를 한 가정의 영적인 아비로 세워 가시려는 하나님의 사랑과 자기 생각으로 인생을 헤쳐 가 보려는 야곱의 옛 자아가 충돌하고 있는 곳, 그곳이 바로 지금 야곱이 서 있는 세겜입니다. 인생의 험난한 광야를 숨가쁘게 달려왔던 야곱의 삶은 과연 어떠한 모습으로 마치게 될까요?

예배는 다시 사는 자리입니다

> 하나님이 야곱에게 이르시되 일어나 벧엘로 올라가서 거기 거주하며 네가 네 형 에서의 낯을 피하여 도망하던 때에 네게 나타났던 하나님께 거기서 제단을 쌓으라 하신지라 창 35:1

창세기 35장은 하나님께서 야곱에게 벧엘로 올라가서 예배를 드리라는 말씀으로 시작합니다. 벧엘은 야곱이 형 에서를 피해 도망하던 길에서 하나님을 만나 돌베개를 기둥 삼아 단을 쌓았던 곳입니다. 그렇다면 하나님은 왜 하필 지금 야곱에게 벧엘로 가라고 하실까요? 이 상황을 이해하기 위해서는 먼저 창세기 34장에서 이 가족에게 어떤 일이 일어났는지를 알아야 합니다.

34장은 야곱 가족이 세겜 땅에 정착하면서 일어난 일을 기록하고 있습니다. 야곱과 그의 가족은 고향으로 돌아가는 길에 형과 헤어져 세겜 땅에 정착했고, 여기서 약 10년 정도를 머물렀습니다. 그러나 체류 기간이 길어지면서 문제가 일어나기 시작합니다. 세겜은 하나님이 말씀하신 고향이 아니기 때문입니다. 지나가야 할 곳에 오래 머물게 되면 문제가 일어날 수 있습니다.

세겜 땅에는 하몰이라는 사람이 있었습니다. 추장과 같은 역할을 맡고 있는 사람입니다. 그에게는 아들이 하나 있었습니다. 이름이 지명과 같은 세겜이었습니다. 그런데 어느 날 세겜이 야곱의 딸 디나를 성폭행하는 사건이 벌어지게 됩니다. 눈에 넣어도 아프지 않을 고명딸이 이런 일을 당한 것은 야곱 인생에 가장 충격적인 일이었습니다. 아버지로서 야곱은 자신이 겪은 그 어떤 고통보다도 더 큰 아픔을 겪습니다.

그런데 이 소식을 들은 오빠들이 격분합니다. 그중에서 시므온과 레위가 나서서 결국 동생을 욕보인 세겜과 그의 아버지 하몰까지 모조리 죽여 버리고 맙니다. 동생의 복수를 살인으로 갚은 것입니다. 이 사건이 동네에 알려지면서 야곱 집안에 큰 위기가 찾아옵니다. 딸이 그런 일을 당한 것도 고통스럽지만 아들들이 사람을 죽였으니 세겜 사람들이 야곱 집안을 가만둘 리가 없습니다. 야곱은 더 이상 세겜에서 살 수 없는 상황에 이르렀습니다. 세겜 사람들의 원수가 된 야곱은 어쩔 수 없이 또다시 도망자 신세가 되고 맙니다. 그의 인생에서 누군가에게 쫓기는 일이 벌써 세 번째입니다. 그때 하나님께서 그에게 벧엘로 가라고 말씀하십니다. 이것이 창세기 35장의 시작입니다.

이때 야곱은 순례자 정신을 급속히 잃어버리고 먼 타국의 시민으로 정착하고 있었습니다. 다시 세속적인 목표에 매달리게 되었고, 그의 아내들은 우상에 병들었습니다. 비슷한 일이 아브라함에게도 있었습니다. 그도 역시 하나님과의 약속을 잠시 잊고 하란 땅에 정착하고 만 것입니다. 그러나 축복의 통로가 되어야 할 아브라함의 후손, 거룩한 씨앗이 하나님께서 원치 않는 땅에 꾸민 보금자리는 부서져야 했습니다.[81] 세겜에 있는 야곱은 자녀들로 인해서 견딜 수 없는 고통을 겪고 있었고, 안팎으로 떠날 수밖에 없는 지경으로 내몰리게 되었습니다. 이처럼 상황과 환경을 통해서도 하나님은 우리에게 말씀하실 때가 있습니다.

야곱에게는 세 가지의 귀향이 필요했습니다. 첫째는 세겜을 떠나 약속의 땅인 가나안을 향해 가는 것입니다. 둘째는 아버지의 집인 헤브론을 향해 가는 것입니다. 마지막 셋째는 자신의 영적 고향인 벧엘로 돌아가는 것입니다. 이와 마찬가지로 모든 그리스도인에게도 세 가지 귀향이 있습니다. 첫째는 하나님 안에서 믿음의 가족들과 함께 사는 것입니다. 둘째는 마음을 하나님이 사시는 성전

으로 만드는 것입니다. 마지막 셋째는 우리의 궁극적인 집인 천국을 품고 사는 것입니다.[82]

야곱은 하나님이 말씀하신 고향으로 돌아가야 했습니다. 세겜에서 정착하는 중에 일어난 딸 디나의 사건은 하나님의 엄중한 책망이었습니다. 다시 순례의 길로 돌아가라는 뼈아픈 가르침이었습니다. 하나님은 야곱의 삶 속에서 세상에 뿌리박고 있는 견고한 묶임을 끊어 주고 계십니다. 세상적인 끈들을 끊으십니다.[83] 그러므로 창세기 35장은 야곱에게 필연입니다. 앞 장인 창세기 34장에는 '하나님'이 단 한 번도 언급되고 있지 않습니다. 하지만 35장에는 열두 번이나 언급될 만큼 어디든지 '하나님'이 계십니다. 즉 하나님의 뜻은 야곱이 34장의 세겜을 떠나 35장의 벧엘로 올라가 예배하는 것입니다. 비극과 혼돈의 한가운데를 떠나 하나님이 우리 삶의 중심이 되시는 곳, 예배의 자리 벧엘로 올라오라고 말씀하십니다. 가장 비극적인 상황에서 하나님을 예배하라고 하십니다.

알리스터 맥그라스(Alister E. McGrath)의 말처럼 우리는 공중의 곡예사처럼 아무것도 붙들지 않고 공중에 떠 있는 절묘한 현재라는 순간을 지나가고 있습니다. 그때 자신을 붙들어 주시는 하나님을 바라보며 걸어가는 것, 그것이 믿음입니다. 자신의 미래를 보장해 줄 것 같은 세겜을 떠나는 것은 세상에만 뿌리내린 마음을 끊어 버리는 결단입니다. 벧엘로 올라가는 것은 다시 하나님을 의지하며 걷겠다는 믿음입니다. 하나님은 지금 야곱에게 필요한 것이 무엇인지 아십니다. 무엇보다도 영적 생명력(spiritual vitality)이 새롭게 회복되는 것입니다. 그 회복의 여정은 바로 벧엘에서 시작됩니다.[84] 이것이 이 말씀에서 우리가 기억해야 할 첫 번째 메시지입니다.

과연 우리 인생의 벧엘은 어디입니까? 바로 내가 하나님께 엎드리는 곳이 벧엘입니다. 야곱에게 있어서 얍복강 같은 곳입니다. 그는 여기서 외삼촌 집으로 도망갈 때 나타나셨던 하나님을 기억하며 다시 주님을 붙들고 일어날 수 있었습니다. 놀라운 은혜를 경험했습니다. 우리도 이 땅에서 예배할 때 영적인 숨을 다시 쉬고, 세상에 묶였던 마음이 끊어져 하나님을 새롭게 바라보게 됩니다.

구약 성경에도 성막은 하나님을 만나는 장소였습니다. 그래서 죽을 수밖에 없는 죄인이지만 성막에 가면 사는 것입니다. 벧엘은 야곱에게 영적 생명력을 회복하는 부흥의 자리였습니다. 그리고 그 부흥의 중심에는 하나님이 계십니다. 정직하게 드리는 예배는 한 사람을 살립니다.

제가 강원도의 한 시골 교회에서 목회할 때였습니다. 과거 한국 교회의 모습이 대부분 그랬지만, 농촌 교회의 특징은 남자들이 교회에 잘 안 나온다는 것입니다. 어느 교회나 어머니들, 여성분들이 열심히 자리를 채워 주었습니다. 그런데 그 여인들의 눈물이 교회 바닥을 흥건히 적실 때가 참으로 많았습니다.

제가 목회하던 교회에 권사님이 한 분 계셨는데, 그분 남편이 평상시에는 괜찮다가 술만 마시면 꼭 집에 들어가서 권사님을 때리곤 했습니다. 시빗거리는 교회 다니는 것이었습니다. 요즘이야 가정 폭력으로 신고도 하고 기관의 도움도 받지만 그때는 그냥 그렇게 참고 살았습니다. 권사님은 남편에게 맞고 난 다음날은 꼭 교회에 오셨습니다. 아무도 없는 성전에 와서 홀로 앉아 우시곤 했습니다. 그저 엉엉 울다가 가셨습니다. 저는 그런 분들에게 부흥이라는 단어를 쓸 수가 없었습니다. 그분은 하루하루 살아가는 것 자체가 부흥이었습니다. 그렇게 통곡하며 기도한 뒤 언제 그랬냐는 듯 눈물을 다 거두고 성전 밖으로 나옵니다. 그분의 상황을 아는지라 조심스럽게 다가가서 "권사님 괜찮으세요?" 물으면 이렇게 대답합니다.

"네, 살아야죠. 저 살 거예요."

주님 앞에서 울면 새 마음을 주십니다. 그분에겐 예배가 다시 사는 자리였습니다. 예배의 자리는 하나님께서 상한 마음을 가진 우리를 두 팔로 껴안아 주시는 곳입니다. 우리를 고치고 새롭게 하시는 곳입니다. 그래서 하나님은 야곱에게도 예배의 자리로 오라고 하셨습니다. 거기서 하나님이 무엇을 말씀해 주시려는지 아십니까?

"너 또 혼자 걷다가 넘어졌구나. 내 손을 붙들고 일어나 다시 믿음으로 걸어가거라. 내가 너와 함께할 거야."

예배가 복이 되는 것은 바로 이것입니다. 그래서 성경은 "그러므로 우리는 긍휼하심을 받고 때를 따라 돕는 은혜를 얻기 위하여 은혜의 보좌 앞에 담대히 나아갈 것이니라"(히 4:16)고 말씀하고 있습니다. 힘들고 어려운 순간마다 주님 앞에 달려가는 예배자가 되기를 바랍니다.

예배의 자리는

하나님께서

상한 마음을 가진 우리를

두 팔로 껴안아 주시는 곳입니다.

우리를 고치고

새롭게 하시는 곳입니다.

예배드리기 전에 내 안의 신상을 버리십시오

어느 날 공원에서 매우 긴 자전거를 타고 가는 한 가족을 본 적이 있습니다. 앞에서는 아버지가 끌고 있었고 맨 뒤에는 어머니가 있었습니다. 그리고 그 사이에는 두 어린 자녀가 타고 있었지요. 부모가 앞뒤에서 열심히 페달을 밟으면, 가운데 있는 아이들은 그저 손만 흔들었습니다. 아이들이 할 일은 그게 다였습니다. 저는 그 모습을 바라보면서 우리와 하나님의 관계도 바로 이렇지 않을까 하는 생각이 들었습니다. 앞에서 운전하고 가는 아버지는 우리의 인생길을 인도하는 하나님이시고, 뒤에서 받쳐 주는 어머니는 옆길로 가면 안 된다고 돌봐주는 성령님이시며, 우리는 그 사이에 그냥 올라타기만 해도 되는 아이들인 것입니다. 그리고 우리를 위해서 십자가에서 죽으신 예수님이 자전거가 되어 주시는 것이 아닐까 싶습니다.

기억해야 할 것은 인생을 혼자 가게 놔 두면 우리 삶 속에 죄의 사이클이 형성되기 쉽지만 예배하는 사람에게는 은혜의 사이클이 만들어진다는 사실입니다. 왜냐하면 하나님께서 우리에게 때를 따라 돕는 은혜를 부어 주시기 위해서, 또한 쓰러지고 지친 영혼을 일으키기 위해서 벧엘로 부르시고 계속해서 말씀으로 인도해 주시기 때문입니다. 그러니 우리 모두 부디 이 은혜의 자전거를 타길 바랍니다. 혼자 욕망의 페달을 밟고 가다가 사고 나지 말고, 마지막 순간까지 하나님이 준비해 놓으신 성부 성자 성령이 이끄시는 은혜의 자전거를 타고 가기를 바랍니다.

새로운 출발이 왜 예배를 통해서 시작되는 줄 아십니까? 예배하면 주님이 내 힘으로는 아무리 애써도 가질 수 없는 새로운 마음을 부어 주시기 때문입니다. 그 회복의 역사가 일어나는 시간이기 때문에 하나님은 야곱 같은 우리를 벧엘로 초대하십니다. 그런데 이 벧엘로 가기 전에 야곱이 먼저 결단한 것이 하나 있습니다. 그것은 새로운 출발을 위해서 아주 중요한 일입니다.

> 야곱이 이에 자기 집안사람과 자기와 함께한 모든 자에게 이르되 너희 중에 있는 이방 신상들을 버리고 자신을 정결하게 하고 너희들의 의복을 바꾸어 입으라 우리가 일어나 벧엘로 올라가자 내 환난 날에 내게 응답하시며 내가 가는 길에서 나와 함께하신 하나님께 내가 거기서 제단을 쌓으려 하노라 하매 창 35:2-3

야곱은 예배를 드리러 올라갈 때 그냥 가지 않았습니다. 먼저 자기 가족과 집안사람 모두에게 그들이 가지고 있던 이방 신상들을 버리게 합니다. 당시 고대 근동 지방에는 가정 수호신 같은 여러 신상을 가지고 있는 것이 보편화된 문화였습니다. 하지만 그는 하나님을 믿는 사람으로서 이런 우상들을 가지고 있는 것이 영적인 걸림돌이 된다는 사실을 깨닫습니다. 자신들이 무엇을 잘못하고 있었는지, 나도 모르게 몸에 배어 버린 잘못된 습관들이 무엇이었는지 발견한 것입니다.

고통이 주는 유익 중 하나는 우리를 회개하게 만드는 것입니다.

그래서 고통은 사람을 정결하게 합니다. 지금 야곱이 잘한 것은 그의 집에 있는 모든 신상을 버린 것입니다. 하나님 앞에 거리낌이 있는 것을 계속 간직하고 있는 것은 옳지 않다는 것을 알려 주고 있습니다. 야곱의 아내, 라헬이 아버지 집을 나올 때 드라빔을 훔쳐 왔던 것을 기억합니다. 그리고 세겜 땅에서 여러 해를 사는 동안 여전히 그것을 가지고 있었습니다. 야곱은 벧엘로 예배하러 가면서 그것들을 과감히 버리기로 결정한 것입니다.

> 그들이 자기 손에 있는 모든 이방 신상들과 자기 귀에 있는 귀고리들을 야곱에게 주는지라 야곱이 그것들을 세겜 근처 상수리나무 아래에 묻고 창 35:4

　사람들이 야곱의 말을 따라 신상들을 전부 가져왔습니다. 야곱은 그것들을 전부 땅에 묻어 버렸습니다. 이런 야곱의 헌신은 앞으로 오직 하나님께만 충성하겠다는 마음의 결정을 의미합니다. 왜냐하면 하나님은 한 나라나 특정 지역의 신이 아니라 "땅의 모든 족속"(창 28:14)의 하나님이시기 때문입니다.[85] 하나님은 모든 나라를 다스리시는 분이며 또한 나 홀로 있는 은밀한 곳에도 계시는 분입니다. 야곱의 식솔들이 모든 이방 신상을 내어놓고 그것을 땅에 묻었다는 것은 매우 의미 있는 행동입니다. 이것이 참된 예배이기 때문입니다. 이것은 영적인 부흥을 준비하는 그릇과도 같습니다. 예배는 내가 죽고 주님이 사시는 시간입니다. 예배는 영적인 부흥의 현장이며, 혼돈이 질서로 바뀌는 은총의 시간입니다. 야곱 가족은 전체가 그 은총 안으로 들어가고 있습니다.

우리도 하나님 앞에 거리끼는 것을 수십 년씩 가지고 있을지도 모릅니다. 신앙생활은 어떤 면에서는 버리는 여정입니다. 신앙이란 잘 버리면서 가는 것입니다. 그런데 우리는 이것을 참 어려워합니다. 버리지를 못합니다. 이것을 실감할 때는 이사할 때입니다. 정리하다 보면 스스로 놀랍니다. 무슨 짐이 이렇게도 많은지요. 더 놀라는 것은 한 번도 안 쓴 것들, 남도 안 주고 자신도 안 쓰면서 몇 년을 묵혀 둔 채로 어딘가에 넣어 둔 것들이 한두 가지가 아닙니다. '저장강박증'이라는 것이 있습니다. 물건이든 뭐든 사용하지도 않으면서 일단 쌓아 두기만 하고 못 버리는 것입니다. 혹시 내 삶에는 이런 것들이 없었는지 돌아볼 필요가 있습니다. 잘못된 것인 줄 알면서도 버리지 못하고 가지고 있는 언어나 습관 그리고 행동들도 있지 않습니까? 묵혀 둔 생각과 감정들도 버리지 못하고 여전히 켜켜이 쌓아 두고 있지는 않습니까?

홀로 살고 계신 제 어머니 댁에는 냉장고가 두 대 있습니다. 딸들이 새 냉장고를 사 드렸는데 아까워서 오래된 냉장고를 못 버리신 바람에 냉장고가 두 대가 되었습니다. 두 냉장고 안에는 늘 무언가가 가득히 들어 있습니다. 제가 본 것 중에는 떡에 곰팡이가 슨 것도 있었습니다. 얼마나 오래 되었는지 제가 보기에는 먹지도 못할 것 같은데 그것도 아까워서 못 버리십니다. 제 아내가 갖다 버리려고 하면 한사코 버리지 말라고 하십니다. 어떻게든 쓸 데가 있다는 겁니다. 그래서 할 수 없이 어머니가 잠시 외출하실 때 아내가 몰래 냉장고를 비우곤 합니다. 그런데 희한하게도 오래된 음식은 그렇게 못 버리는 어머니가 주님이 싫어하시는 것이 있으면 즉시 버리십니다. 오히려 저는 음식 상한 것은 그렇게 잘 버리면서도 주님이 싫어하시는 것은 질질 끌고 갈 때가 종종 있습니다.

믿음은 잘 버리는 것입니다. 세겜 땅은 야곱과 그의 가족을 머물게 하고 세상에만 집착하게 만들던 땅입니다. 순례의 길을 지연시키고 잊어버리도록 마음을 빼앗던 땅입니다. 그런데 야곱이 그곳을 떠나 벧엘로 올라가면서 모든 우상을 그 땅에 묻어 버립니다. 하나님이 얼마나 기뻐하셨겠습니까? 영적인 삶은 중심에 이르는 여정입니다. 그 중심부에서 우리는 하나님의 사랑과 고통을 접합니다. 많은 방해물이 우리를 잡아당겨 중심에서 멀어지게 하고, 또한 무수히 많은 것이 우리를 점령합니다. 영적인 삶, 순례의 길은 그 모든 것을 물리치는 여정입니다.[86] 야곱의 가족은 이 싸움을 시작했습니다. 자신들의 중심부에 자리 잡고 있던 세겜 땅을 떠나면서 모든 우상을 묻어 버렸습니다. 하나님만을 그들의 중심에 모시기 위함입니다. 우리가 걸어가야 할 순례의 여정에 혹여 이런 방해물들이 있다면 과감히 물리치고 하나님을 중심에 모시고 살길 바랍니다. 이것이 본문이 가르쳐 주는 두 번째 메시지입니다. 신앙의 여정에서 매일 이런 거룩하고 선한 싸움이 있기를 기도합니다.

그들이 떠났으나 하나님이 그 사면 고을들로 크게 두려워하게 하셨으므로
야곱의 아들들을 추격하는 자가 없었더라 창 35:5

야곱이 가족과 함께 신상들을 버린 후에 세겜을 떠납니다. 그런
데 놀라운 일이 벌어집니다. 하나님께서 그 주변 마을 사람들에게
야곱과 그 가족을 두려워하게 하셔서 야곱의 가족을 더 이상 추격
하는 자가 없었다는 것입니다. 버려야 할 것을 버리고 나니, 하나
님께서 그 뒤를 책임지십니다. 안전하게 지키십니다. 이처럼 하나
님이 싫어하시는 것을 버리면 하나님은 그 자녀들이 세상 속에서
존중받게 하십니다. 세상도 하나님을 진실하게 믿는 사람이 누구
인지 알아보는 것입니다. 우리 역시 세상 사람들이 인정하고 존중
할 수 있는 그리스도인의 삶이 되기를 바랍니다.

야곱과 그와 함께한 모든 사람이 가나안 땅 루스 곧 벧엘에 이르고 그가 거
기서 제단을 쌓고 그곳을 엘벧엘이라 불렀으니 이는 그의 형의 낯을 피할
때에 하나님이 거기서 그에게 나타나셨음이더라 창 35:6-7

이 구절은 성경에서 처음으로 하나님의 백성 안에서 공동체로
일어난 영적 부흥의 모습이며 또한 야곱이 가족 전체를 그 자리로
인도하였음을 말해 주고 있습니다.[87] 특히 야곱은 그간의 여정 중

에서 아버지로서 가족 앞에서 가장 영적인 모습을 보여 주고 있습니다. 야곱은 지금 정결한 마음으로 가족을 데리고 하나님 앞에 예배의 단을 쌓고 있는 것입니다. 이것이 영적인 아버지가 서야 할 자리입니다. 비록 더디긴 했지만 이제 하나님께 조금씩 더 다가가는 야곱을 봅니다. 이때 하나님은 다시 한 번 야곱을 말씀으로 만나 주십니다.

> 하나님이 그에게 이르시되 네 이름이 야곱이지마는 네 이름을 다시는 야곱이라 부르지 않겠고 이스라엘이 네 이름이 되리라 하시고 그가 그의 이름을 이스라엘이라 부르시고   창 35:10

이 말씀은 얍복강에서 하나님이 야곱을 만지고 다듬던 때에 하셨던 약속입니다. 하나님이 야곱에게 베푸신, 아무도 빼앗을 수 없는 축복이었습니다. 순종과 경건에 실패한 야곱을 새롭게 하시는 사건이었습니다. 그러기에 이 사건은 의롭게 하시는 하나님의 은혜로 인하여 죄인이 믿음으로 구원 받는 것임을 보여 주고 있습니다.[88] 놀랍게도 이렇게 벧엘로 올라가 가족과 예배를 드리는 야곱에게 하나님은 다시 한 번 얍복강에서 주신 그 말씀을 주십니다. 이것은 축복의 확인입니다. 야곱이 얼마나 간교한 사람이었습니까? 그런데 그를 이스라엘로 인정해 주신 하나님을 다시 붙들라는 것입니다. 사람은 한순간에 모든 것이 바뀌지 않습니다. 인간의 영혼 속에서 하나님께서 역사하시는 성화의 작업은 하나의 과정입니다. 성화는 예수 그리스도를 믿음으로 의롭다 여김을 받는 칭의처럼 한 번의 사건이 아닙니다. 매일 하나님의 자녀에 걸맞은 새로운 마음을 부어 주시는 것입니다. 이것이 성화의 과정입니다.[89]

이처럼 하나님은 다시 넘어질 수 있고 옛 모습으로 돌아갈 수 있는 야곱과 우리에게 이 축복의 말씀을 선포하십니다. 다시는 야곱이라 부르지 않고 이스라엘이라고 부르겠다고 거듭 약속하십니다. 이것은 내 행위가 아니라 하나님의 은혜로 된 것임을 확인해 주시는 약속입니다. 어느 곳에 가더라도 이스라엘로 살아가라는 말씀입니다. 이 하나님의 축복을 야곱에게 부어 주신 것입니다. 그리고 하나님의 은혜는 이것이 끝이 아닙니다.

> 하나님이 그에게 이르시되 나는 전능한 하나님이라 생육하며 번성하라 한 백성과 백성들의 총회가 네게서 나오고 왕들이 네 허리에서 나오리라
>
> 창 35:11

하나님은 창세기에서 인간을 창조하시면서 생육하고 번성하라고 하신 말씀을 야곱에게 주시면서 한 백성과 백성들의 총회가 네게서 나올 것이라고 약속하십니다. 이 말은 한 나라가 나온다는 뜻입니다. 즉 아브라함에게 주셨던 후손의 약속을 지금 야곱에게 이어서 계속 말씀하고 계십니다. 하나님의 말씀이 반드시 성취될 것을 확인해 주시는 것입니다.

여기에서 총회를 영어로는 '커뮤니티(community)'라고 하는데, 히

브리어로는 '카할(qahal)'이라고 합니다. 이 '카할'을 헬라어로 번역하면 종종 '에클레시아(ecclesia)'로 번역됩니다. 이는 신약에서 볼 때 교회라는 의미입니다.[90] 즉, 이 말은 야곱의 후손에게서 한 백성이 나오고 그 백성 중에서 교회가 나온다는 의미입니다. 이 약속이 중요한 이유는 아브라함에게 주신 약속에 대한 성취이기 때문입니다. 하나님은 아브라함에게 고향을 떠나 약속의 땅으로 가라고 하시면서 땅의 모든 족속이 너로 말미암아 복을 얻을 것이라고 말씀하셨습니다.[91] 이것에는 두 가지 의미가 담겨 있습니다. 하나는 아브라함의 후손을 통해 복의 근원이신 예수님이 오신다는 약속입니다. 또 하나는 이 믿음의 사람들이 세상 사람들에게 축복의 통로가 되게 하시겠다는 것입니다. 이 땅에 복의 근원이 되실 분은 예수 그리스도밖에 없습니다. 이 복되신 예수님을 전함으로 다른 사람에게 복이 흘러가게 하는 통로는 교회입니다. 그래서 신약에서는 예수를 믿게 되는 사람을 아브라함의 후손이라고 표현하는 것입니다.

놀라운 것은 이렇게 허물 많고 문제 많았던 야곱에게서 한 나라가 나오고, 교회가 나온다는 약속을 주신다는 사실입니다. 성경에 보면 주님이 교회를 세운다는 말씀을 두 사람에게 하시는데, 구약에서는 야곱이고, 신약에서는 베드로입니다. 베드로는 예수님을 세 번이나 부인한 사람입니다. 그런데 주님은 그 위에 교회를 세우겠다고 약속하셨습니다. 두 사람 다 우리가 보기에는 약점이 많고, 그렇게 큰일을 이룰 만한 사람들이 아닌 것 같습니다. 그런데 하나

Part 3. 은혜 입은 자, 은혜를 붙잡다

님께서는 완벽해 보이는 사람이 아니라 부족해 보이고 넘어지는 사람들을 통해 교회를 세우시겠다고 약속하십니다. 겨자씨만 한 작은 믿음을 보시며, 베드로처럼 "주는 그리스도시요 살아 계신 하나님의 아들"(마 16:16)이라고 신앙 고백하는 사람들을 통해 교회를 이루시겠다고 말씀하십니다. 더 나아가 교회의 머리 되신 주님이 교회를 친히 세워 가실 것입니다.

주님은 사람의 연약함을 너무도 잘 아십니다. 그럼에도 믿음이 흔들리고 성급해 보이는 베드로를 반석이라 불러 주시고, 예수님을 부인했던 그에게 주님의 양을 돌보라고 하셨습니다. 우리는 다 야곱 같은 속성을 가지고 있습니다. 그러나 하나님은 이 야곱을 잘 다듬어 가시면서 한 백성의 조상이 되고, 그 후손이 이 땅의 교회가 되도록 하셨다는 사실을 잊지 말기 바랍니다.

실패한 흔적이 있더라도 은혜를 구하십시오

야곱이 예배를 드린 후 벧엘을 떠나 다시 길을 나섭니다. 창세기 35장은 삶과 죽음의 전환점을 보여 주는 장이기도 합니다. 이 한 장 안에 세 사람의 죽음이 등장합니다.[92] 첫 번째는 이삭의 아내였던 리브가의 유모 드보라가 죽습니다(8절). 두 번째는 라헬이 베냐민을 해산할 때 난산 끝에 결국 죽음을 맞습니다(19절). 세 번째는 야곱의 아버지 이삭이 180세의 나이로 죽습니다(28-29절). 세 명의 죽음은 슬프지만 하나님은 35장 안에 의도적이지만 적절하고도 의미 있게 새로운 삶에 대한 약속을 담아 두셨습니다. 가장 사랑하는 아내 라헬이 죽지만 열두 번째 아들 베냐민이 태어 납니다. 그러므로 야곱의 열두 아들이 드디어 완성됩니다. 창세기 35장에서 야곱은 과거와 현재, 그리고 삶과 죽음 사이를 잇는 다 리와 같습니다.[93)]

이렇게 해서 야곱에게는 열두 명의 아들이 생겼습니다. 르우벤, 시므온, 레위, 유다, 단, 납달리, 갓, 아셀, 잇사갈, 스블론, 요셉, 베 냐민은 훗날 이스라엘 백성에게 두고두고 회자되는 이른바 열두 지파를 이룹니다(성막 맡은 레위 지파를 대신하여 요셉의 두 아들, 에브라임과 므낫세가 열두 지파에 참여합니다). 그리고 야곱은 이 열두 지파의 조상 으로 서게 됩니다.

저는 이스라엘을 대표하는 열두 지파의 조상으로 야곱을 세우 시는 하나님의 계획이 너무도 놀랍기만 합니다. 그토록 문제 많은 야곱을 통해 마침내 약속을 이루시며, 하나님의 총회(community: 에 클레시아)가 나오게 하십니다. 버림받아도 할 말이 없는 초라하고 부족한 자들을 새롭게 만들어 가시며 믿음의 사람들로 세워 가시 는 하나님은 찬송 받으시기에 합당하십니다.

그 후 창세기 37장부터 야곱에서 요셉 이야기로 무게 중심이 전 환됩니다. 요셉과 형제들의 갈등이 그 시작입니다. 사실 요셉과 형 제들의 갈등의 시작은 에서와 야곱을 편애하던 이삭과 리브가의 이야기로 거슬러 올라가야 합니다. 야곱은 자기가 어릴 적 부모에 게 받아 왔던 대로 열두 아들 중 열한 번째 아들 요셉을 지나치게 편애했습니다. 편애가 다음 세대로 이어져 가고 있는 것입니다. 그 상징이 채색옷입니다. 이 가정에 하나님의 은혜가 필요했습니다. 그러나 인간의 연약함 때문에 그 은혜를 누리기까지는 비교적 오랜 시간이 걸립니다. 요셉은 이 갈등 구조 속에서 어느 날 들판에서 형들에게 버림받아 채색옷이 벗겨진 채 미디안 사람에게 팔려 갑니다. 그리고 형들은 그의 옷, 아버지가 입혀 준 편애의 상징인 채색옷에 염소 피를 발라 짐승에게 해를 입고 죽은 것처럼 아버지 야곱에게 보여 줍니다. 이렇게 아버지를 속였던 야곱은 자신이 아버지가 된 뒤에 똑같이 아들들에게 속습니다.

마치 역사의 반복처럼 보입니다. 심지어 요셉의 형들이 아버지 야곱을 속이는 데 사용한 것도 염소의 피였는데, 야곱이 아버지 이삭을 속이기 위해 에서처럼 분장하는 데 사용한 것도 염소의 털이었습니다. 이로써 야곱은 형과 아버지를 속이고 삼촌 집에서 20년 세월을 보냈는데, 이제는 아들들에게 속아 요셉이 죽은 줄 알고 20년 조금 넘는 시간을 보냅니다. 야곱의 인생 중 40년은 속이고 속임을 당한 시간이었습니다. 우리는 이 사건을 단순히 역사의 반복으로만 봐서는 안 됩니다. 하나님의 상징적 메시지로 봐야 합니다. 더 이상 야곱으로 살지 말고 이스라엘로 살아가라는 깊은 메시지인 것입니다.

그러나 이런 야곱에게 하나님은 끝까지 신실하신 분이셨습니다. 야곱은 죽은 줄로만 알았던 아들 요셉을 다시 만납니다. 아들은 못 본 사이에 애굽의 총리가 되어 있었습니다. 요셉은 아버지를 바로 왕에게 소개합니다. 바로가 야곱의 나이를 묻습니다. 그때 야곱의 답변 속에 그가 걸어온 인생의 흔적이 담겨 있습니다.

> 야곱이 바로에게 아뢰되 내 나그네 길의 세월이 백삼십 년이니이다 내 나
> 이가 얼마 못 되니 우리 조상의 나그네 길의 연조에 미치지 못하나 험악한
> 세월을 보내었나이다 하고 창 47:9

야곱이 세겜을 떠나 벧엘을 거쳐 그의 아버지가 살던 고향으로
돌아와 믿음의 삶을 시작한 후, 그는 요셉을 잃고 뼈아픈 세월을
보내야 했습니다. 아마도 그 아픔의 시간이 야곱에게는 하나님만
을 그 중심에 모시고 살게 하는 성숙의 시간이었을 것입니다. 빼앗
음으로 시작했던 야곱은 애굽의 총리가 된 요셉을 만난 후 고센 땅
으로 이주하여 살다가 그의 인생을 마칩니다.

영적 아비가 되십시오

야곱 인생의 마지막 장면은 그의 시작과 대조를 이루고 있습니
다. 남의 것을 빼앗던 사람이 이제는 자녀들을 위해 기도해 주는
아버지의 자리에 서 있습니다. 복잡했던 인생의 출발이 영적인 질
서 속에서 아름답게 마무리됩니다.

> 야곱이 그 아들들을 불러 이르되 너희는 모이라 너희가 후일에 당할 일을
> 내가 너희에게 이르리라 창 49:1

야곱이 아들에게 명하기를 마치고 그 발을 침상에 모으고 숨을 거두니 그의 백성에게로 돌아갔더라 창 49:33

하나님께서 야곱의 생애를 통해 우리에게 말씀해 주시는 마지막 교훈이 있습니다. 부모들이 가정에서 영적인 어른이 되라는 것입니다. 특별히 남편들은 그 가정의 영적인 아버지가 되어야 합니다. 이 땅을 살아가는 동안 실수하고 고생만 하다가 허무하게 인생을 마칠 수 있습니다. 비록 넘어지고 쓰러져 실패한 흔적이 있더라도 하나님의 은혜를 구하며 남아 있는 날들엔 영적인 어른의 자리에 서게 되길 바랍니다.

야곱은 문제와 사건으로 점철된 인생이었지만 하나님께서는 그를 한 가문의 어른으로, 영적인 아버지로, 이스라엘 열두 지파의 조상으로 우뚝 세워 주셨습니다. 창세기 49장에 기록된 야곱의 마지막 기도 모습은 그가 살아온 전반부의 삶과는 너무도 다른 의미심장한 결말을 보여 주고 있습니다. 하나님은 그의 인생을 여전히 속고 속이는 교활한 야곱으로 남겨 두지 않으셨고, 열두 명의 아들을 둔 아버지로만 남겨 두지도 않으셨습니다. 자녀들을 위하여 기도하는 영적인 아비로, 또한 이스라엘을 대표하는 열두 지파의 조상으로 그를 아름답게 세우신 것입니다. 이것은 야곱조차 상상하지 못했던 일이었을 것입니다.

이 야곱의 인생을 통해 하나님께서 우리에게 분명히 말씀하시는 것이 있습니다. 아무리 잘못된 인생을 살았다 하더라도 하나님의 은혜의 손에 붙들리면 하나님은 그 사람을 반드시 새롭게 만들어 가신다는 사실입니다. 야곱 같은 사람이 이런 영적인 아비로서 인생을 마칠 수 있다는 것은 그야말로 하나님의 반전 드라마입니다. 저는 이러한 사건이 야곱에게만 일어나는 일이 아니라 우리에게도 얼마든지 일어날 수 있으리라고 믿습니다. 하나님은 연약한 우리를 얼마든지 각 가정에서 영적 아비와 어미로, 믿음의 조상으로 세워 주실 수 있는 분입니다.

야곱에게 무엇이 새로운 출발입니까? 그에게 있어서 새로운 출발은 다른 것이 아니라 주님께로 인생의 방향을 옮긴 것이었습니다. 잘못된 악순환의 굴레를 벗어나지 못하고 있는 야곱을 하나님이 붙드셔서 예배의 자리로 끌고 가셨습니다. 하나님께서 친히 야곱의 인생 한가운데로 걸어 들어가셨습니다. 하나님은 우리에게도 새로운 시작을 기다리고 계십니다. 주님께로 향하는 것이 새로운 출발입니다. 그 주님이 우리에게 걸어오고 계심을 발견하는 것이 평생의 은혜입니다.

야곱은 두 손을 들고 자녀들을 위해 기도하며 인생을 마칩니다. 사도 바울은 디모데에게 편지를 쓰면서 "그러므로 각처에서 남자들이 분노와 다툼이 없이 거룩한 손을 들어 기도하기를 원하노라"(딤전 2:8)라고 했습니다. 이 모습이 영적인 아버지의 상징입니다. 믿음의 어른은 문제가 터질 때 주님께 두 손을 높이 드는 사람입니다.

20세기 최고의 복음주의 신학자 중 한 사람이었던 제임스 패커

(James I. Packer)는 89세에 시력을 잃어 가고 있었습니다. 그는 자기 눈이 치료가 불가능한 상황임을 알고 있었습니다. 이 사실을 안타깝게 여겼던 미국 복음연합(The Gospel Coalition)의 한 기자가 2016년 1월에 그와 인터뷰를 했습니다. 그때 제임스 패커는 두려움이나 연민이 아닌 확신에 찬 말투로 이렇게 대답했다고 합니다.

"하나님은 자신이 하시는 일을 다 알고 계십니다. 저의 실명은 본부로부터 내려온 분명한 지시입니다. 저는 실명을 하나님의 사인으로 받아들입니다."

그는 자신이 오랫동안 믿고 선포했던 진리를 그대로 실천하고 있었습니다. 기자는 그 인터뷰의 제목을 이렇게 정리했습니다.

"89세의 패커, 비록 시력을 잃었지만 그는 여전히 그리스도를 봅니다(J. I. Packer, 89, On Losing Sight But Seeing Christ)."[94]

영적인 어른이 된다는 것은 상황이나 눈에 보이는 것 때문에 쉽게 흔들리지 않는 것입니다. 복잡한 삶에서 단순한 삶으로 옮겨 가는 것입니다. 하나님의 말씀에 깊이 뿌리내려 가기 때문입니다. 비록 부끄러운 과거를 가진 야곱이지만 벧엘을 향해 새로운 걸음을 내딛던 그는 영적인 아버지로서 자신의 인생을 마쳤습니다. 야곱의 인생은 그의 반응과 태도와 결단을 따라 하나님이 써 가신 한 편의 드라마와 같습니다. 하나님은 반드시 약속을 성취하시는 신실하신 분이십니다. 야곱 같은 사람을 열두 지파의 조상으로 만들어 가시는 하나님의 놀라운 은혜를 보면서, 야곱을 이렇게 바꾸실 수 있다면 우리에게도 소망이 있음을 봅니다. 지금 서 있는 자리에

서 이제는 야곱이 아닌 이스라엘로서 우리 모두 영적인 새 출발을
시작하기 바랍니다. 그 새 출발의 때가 오늘, 바로 지금이 되기를
기원합니다.

여호와의 열심이 이를 이루시리이다 사 37:32b

The passion of the Lord will make this happen   NLT

주님께로 향하는 것이

새로운 출발입니다.

그 주님이

우리에게 걸어오고 계심을

발견하는 것이

평생의 은혜입니다.

은혜의 강에 들어가다

역사 속에는 두 개의 강이 흐르고 있습니다. 인간이 남긴 죄의 강과 그 죄의 골짜기를 따라 흐르고 있는 은혜의 강입니다.

성경은 계속해서 하나님의 은혜가 인간의 죄를 이긴다는 것을 증거합니다. 그래서 하나님의 말씀을 읽으면 그 중심에는 심판과 구원, 고통과 감격, 공의와 사랑이 언제나 공존합니다. 하나님의 공의 때문에 인간에게 심판이 임하지만, 하나님의 사랑 때문에 구원이 가능한 것이지요.

야곱의 생애를 읽다 보면 인간의 죄가 보입니다. 그의 삶을 더 읽어 가면 야곱을 추적하시는 하나님의 은혜를 만나게 됩니다. 지치지 않으시는 그 하나님의 은혜는 단지 야곱 한 사람만을 향하고 있는 것이 아닙니다. '감당할 수 없는 은혜(irresistible grace)'는 오늘도 우리의 심장을 향하고 있습니다. 하나님의 은혜 없이 한 사람의 회심이 가능할까요? 야곱의 일생을 읽을수록 밝히 알게 되는 것은 인간의 집요한 죄성보다 더 끈질긴 하나님의 사랑이 있다는 사실입니다.

구약 성경 안에도 복음의 강이 흐르고 있습니다. 한 사람을 살리는 생명의 강입니다. 하나님은 자신의 길로 치닫던 야곱을 멈추어 세우십니다. 죄인의 길을 걸을 때 멈춤은 축복입니다. 20년이 걸려도 야곱은 멈추어야 했습니다. 멈추는 자만이 하나님의 길로 돌아갈 수 있기 때문입니다. 그 돌아가는 길에서 야곱은 자기의 계획을 버리고 마침내 하나님을 붙듭니다. 사실, 하나님이 야곱을 붙드신 것입니다. 자신이 갈망하던 것, 아무리 가져도 채워지지 않던 욕망을 버리고 하나님을 붙들던 날 야곱의 인생은 오히려 헤아릴 수 없는 풍성함으로 변화됩니다.

모든 사람에게 이날이 필요합니다. 세상을 놓고 하나님을 붙드는 날, 아니 하나님이 나를 붙들어 주시는 날 말입니다. 그날이 오기를 누가 더 기다린 것일까요? 야곱인가요, 아니면 하나님인가요? 두 기다림이 만나는 날 마침내 사람은 하나님 앞에 엎드리게 됩니다. 한 사람의 삶 가운데 죄의 강이 멈추고 생명의 강이 흐르게 됩니다.

이제 야곱의 이야기를 통해 나의 길이 멈추고 하나님의 길이 시작되는 은혜가 있기를 기원합니다.

은혜가 걸어오다

프롤로그. 은혜가 나에게 걸어오다

1) R. 폴 스티븐스, 〈내 이름은 야곱입니다〉, 최동수 역(죠이선교회, 2005), p.15.
2) 같은 책, p.15.
3) 같은 책, pp.15-16.

1장. 위험한 식탁

4) 같은 책, p.40.
5) 같은 책, p.41.
6) John Phillips, *Exploring Genesis,* 1 edition (Grand Rapids, Minn: Kregel Academic and Professional, 2001), p.215.
7) 같은 책, p.213.
8) James Montgomery Boice, *Genesis 2: An Expositional Commentary* (Baker Books, 1998), p.738.
9) Joyce G. Baldwin, *The Message of Genesis 12-50,* 1 edition (Leichester, England; Downers Grove Ⅲ. U.S.A: IVP Academic, 1986), p.106.
10) R. 폴 스티븐스, 같은 책, p.43. Alexander Whyte의 책에서 재인용함.

2장. "네가 누구냐?"

11) 마크 부캐넌, 〈보이지 않는 것에 눈뜨다〉, 배응준 역(규장, 2003), p.49.
12) 데오도르 H. 에프, 〈하나님의 언약을 계승한 사람들: 이삭, 야곱〉, 고광자·정창균 역 (바울서신사, 1988), p.124.
13) G. Campbell Morgan, *The Analyzed Bible. The Book of Genesis* (Baker Book House, 1983), p.174.
14) 같은 책, p.175.
15) Nahum Sarna, *Understanding Genesis* (New York: Schocken Books, 1966), p.183.
16) G. Campbell Morgan, 같은 책, p.177.
17) Roy L. Laurin, *Designed for Conquest* (Grand Rapids, Mich: Kregel Publications, 1990), p.24.
18) Phil Moore, *Straight to the Heart of Genesis: 60 Bite-Sized Insights,* New edition (Monarch Books, 2011), p.167.
19) 마크 부캐넌, 같은 책, p.49. 마크 부캐넌의 책을 다시 인용한 것은 야곱을 통해 갈망 에서 넘침으로 변화되는 삶의 길이 바로 하나님께 있음을 성경이 계속해서 보여 주 려고 하기 때문이다. 야곱은 늘 우리 자신을 보게 하는 거울과 같다.

3장. 죄송한 은혜

20) 필립 얀시, 〈내 눈이 주의 영광을 보네〉, 홍종락 역(서울: 좋은씨앗, 2004), p.223.

21) James Montgomery Boice, 같은 책, p.768. A. W. Pink의 *Gleanings in Genesis*, p.252에서 재인용함.

22) Phil Moore, 같은 책, p.169.

23) 같은 책, p.169.

24) 같은 책, p.170.

25) R. 폴 스티븐스, 같은 책, p.88.

26) Phil Moore, 같은 책, p.172.

27) R. 폴 스티븐스, 같은 책, pp. 81-82.

28) 같은 책, pp.93-94.

4장. 나의 실패를 기다리시는 하나님

29) 헨리 나우웬, 〈삶의 영성〉, 윤종석 역(두란노서원, 2017), pp.23-25.

30) Phil Moore, 같은 책, p.173.

31) 헨리 나우웬, 같은 책, p.25. 저자의 이 정의는 고난 앞에서 쉽게 불평하는 우리의 삶을 곱씹게 하는 글이어서 다시 인용하였다.

32) Phil Moore, 같은 책, p.174.

33) R. 폴 스티븐스, 같은 책, p.119.

34) Phil Moore, 같은 책, p.175.

35) Joyce G. Baldwin, 같은 책, p.128.

5장. 이제 돌아가야 할 때

36) 헨리 나우웬, 〈귀향의 영성〉, 윤종석 역(두란노서원, 2016), p.85.

37) Phil Moore, 같은 책, p.177.

38) 같은 책, pp.179-180.

39) 같은 책, p.180.

40) 데오도르 H. 에프, 같은 책, pp.161-162.

41) Joyce G. Baldwin, 같은 책, p.131.

42) 같은 책, p.132. 유산 상속권에 대한 이 의견은 그 후에 논란의 여지도 있었다고 한다. 그러나 드라빔 자체는 라헬 자신에게 본질적인 가치를 가지고 있거나 어떤 의미가 있었을 것으로 추측한다. 하지만 적어도 남편 야곱에 대한 아버지의 강요에 대해

오랫동안 보아 온 라헬은 무엇인가 값어치가 있는 것을 아버지로부터 훔쳐서 가지고 나오고 싶었던 것은 사실인 듯하다.

43) 같은 책, p.133.
44) 같은 책, p.134.

6장. 죽음 안에 있는 영원한 생명

45) 존 파이퍼, 〈하나님이 복음이다〉, 전의우 역(IVP, 2006), p.50.
46) Phil Moore, 같은 책, p.191.
47) 같은 책, p.192. 창세기에 관련된 책들 중 라헬이라는 이름의 의미를 풀어서 설명한 책은 이것이 유일했다. 그래서 이 내용을 설교할 때도 책에 나온 설명 순서를 따라 말씀을 전하려는 것에 중점을 두었다. 복음에 대한 새로운 깨달음의 감동이 있었기에 나눈 것이다.
48) 같은 책, p.192.
49) 같은 책, p.193.
50) 같은 책, p.193.
51) 같은 책, p.193. 이 책의 저자는 창세기 32장 24절에서 히브리어 '달래다'라는 뜻의 동사 '카파르(kaphar)'를 설명하면서 이 단어의 뿌리가 유대인의 축제 대속죄일(The Day of Atonement: Yom Kippur, 히브리어)의 '속죄'와 같다는 설명을 미주에 달고 있다. 그리고 이 단어는 모세 오경 안에서 죄를 대속하는 피의 희생 제사를 묘사하는 데 반복해서 사용하고 있음도 알려 준다.
52) 같은 책, p.193.
53) 같은 책, p.193.
54) 같은 책, p.194.

7장. 은혜의 선택

55) Roy L. Laurin, 같은 책, p.20. 그는 정복이라는 주제로 인물을 다루고 이 책에서 야곱에 대한 부제를 '자아를 정복한 사람(the conquest of self)'이라고 붙였다.
56) 존 오트버그, 〈누더기 하나님〉, 구지원 역(사랑플러스, 2006), p.35, p.38.
57) 마크 부캐넌, 〈열렬함〉, 배응준 역(규장, 2004), p.121.
58) 같은 책, pp.121-122.
59) 같은 책, p.125.
60) R. 폴 스티븐스, 같은 책, p.154.

61) 같은 책, p.154.

62) 마크 부캐넌, 같은 책, p.128.

63) 팀 켈러, 〈탕부 하나님〉, 윤종석 역(두란노서원, 2017), pp.119-126. 팀 켈러는 5장 "진정한 형이 날 찾으러 이 땅에 오셨다"에서 그 의미를 설명한다. 동생이 돌아왔을 때 그를 살려 줄 사람은 남은 유산을 받은 형이었다. 그러나 그는 그 역할을 하지 않는다. 그 일을 하신 분은 바로 예수님이시기에 그분을 우리의 진정한 형으로 표현한다. 그분은 자신의 몸까지 내주신 분이시기 때문이다.

64) R. 폴 스티븐스, 같은 책, p.162.

65) 같은 책, p.18.

66) 존 오트버그, 같은 책, p.251.

8장. 죄를 이기는 하나님의 사랑

67) 유진 피터슨, 〈한 길 가는 순례자〉, 김유리 역(IVP, 2001), p.92.

68) Joyce G. Baldwin, 같은 책, p.138.

69) 같은 책, p.138.

70) James Montgomery Boice, 같은 책, p.823.

71) 같은 책, p.822.

72) 같은 책, p.824.

73) Joyce G. Baldwin, 같은 책, p.141.

74) 데오도르 H. 에프, 같은 책, p. 213.

75) James Montgomery Boice, 같은 책, p.824.

76) 같은 책, p.826.

77) John Phillips, 같은 책, p.263.

78) Joyce G. Baldwin, 같은 책, p.142.

79) 같은 책, p.142.

9장. 새로운 출발

80) 알리스터 맥그라스, 〈내 평생에 가는 길〉, 윤종석 역(복있는사람, 2003), p.39.

81) R. 폴 스티븐스, 같은 책, pp.180-181. 그는 제임스 해스팅스의 책, "The greater men and women of the Bible"의 글에서 재인용함.

82) 같은 책, p.181.

83) John Phillips, 같은 책, pp.272-273.

84) 같은 책, p.274.

85) Joyce G. Baldwin, 같은 책, p.148.

86) 헨리 나우웬, 같은 책, p.24.

87) Phil Moore, 같은 책, p.200.

88) 더글라스 맥밀란, 〈하나님과의 씨름〉, 이중수 역(양무리서원, 1992), pp.11-13.

89) 같은 책, p.19.

90) Phil Moore, 같은 책, p.201. 저자는 카할(qahal)이라는 히브리어가 창세기 28장 3절과 35장 11절에서 야곱에 대하여만 두 번 쓰였음을 밝힌다.

91) 같은 책, p.201.

92) James Montgomery Boice, 같은 책, p.839.

93) 같은 책, p.840.

94) 제임스 패커, 〈거룩의 재발견〉, 장민식 역(토기장이, 2016). 이 내용은 책의 앞부분에 "제임스 패커 인터뷰"라는 제목으로 페이지 표시 없이 소개된다. 페이지를 역으로 추적해서 붙여야 한다면 pp.7-8에 해당하는 내용이다.